COURS D'ARITHMÉTIQUE

SUP

« LE MATHÉMATICIEN »

Section dirigée par Jean-Pierre KAHANE

Professeur à la Faculté des Sciences d'Orsay

2

COURS D'ARITHMÉTIQUE

par

JEAN-PIERRE SERRE

Professeur au Collège de France

PRESSES UNIVERSITAIRES DE FRANCE

108, Boulevard Saint-Germain, Paris

1970

Dépôt légal. — 1re édition : 1er trimestre 1970

INTRODUCTION

Cet ouvrage est divisé en deux parties.

La première est purement algébrique. Son objectif est la classification des formes quadratiques sur le corps des nombres rationnels (théorème de Hasse-Minkowski); il est atteint au chapitre IV. Les trois premiers chapitres contiennent divers préliminaires : loi de réciprocité quadratique, corps p-adiques, symboles de Hilbert. Le chapitre V applique les résultats précédents aux formes quadratiques à coefficients entiers de discriminant ± 1; ces formes interviennent dans des questions variées : fonctions modulaires, topologie différentielle, groupes finis.

La seconde partie (chap. VI et VII) utilise des moyens « analytiques » (fonctions holomorphes). Le chapitre VI donne la démonstration du « théorème de la progression arithmétique », dû à Dirichlet; ce théorème intervient d'ailleurs en un point crucial de la première partie (chap. III, nº 2.2). Le chapitre VII est consacré aux formes modulaires, et, en particulier, aux fonctions thêta; on y voit reparaître certaines des formes quadratiques du chapitre V.

Les deux parties correspondent à des cours donnés en 1962 et 1964 aux élèves de seconde année de l'Ecole Normale Supérieure. Une rédaction de ces cours, sous forme de notes polycopiées, avait été faite par J.-J. Sansuc (chap. I-IV) et par J.-P. Ramis et G. Ruget (chap. VI-VII). Elle m'a été très utile; je tiens à en remercier ici ses auteurs.

PREMIÈRE PARTIE

MÉTHODES ALGÉBRIQUES

CHAPITRE I

CORPS FINIS

Tous les corps considérés ci-dessous sont supposés commutatifs.

§ 1. Généralités

1.1. *Corps premiers et corps finis.*

L'intersection des sous-corps d'un corps K en est le plus petit sous-corps; il contient l'image canonique de $\mathbf{Z}$, isomorphe en tant qu'anneau intègre à $\mathbf{Z}$ ou à $\mathbf{Z}/p\mathbf{Z}$ avec p premier; il est donc isomorphe, soit à $\mathbf{Q}$, soit au corps $\mathbf{Z}/p\mathbf{Z}$.

DÉFINITION 1. — *On appelle corps premiers les corps* $\mathbf{Q}$ *et* $\mathbf{F}_p = \mathbf{Z}/p\mathbf{Z}$, *où* p *est un nombre premier, et caractéristique d'un corps* K *l'entier* 0 *ou* p, *suivant que* K *est extension de* $\mathbf{Q}$ *ou de* $\mathbf{F}_p$.

Si caract (K) $= p \neq 0$, p est aussi le plus petit entier $n > 0$ tel que $n.1 = 0$.

LEMME. — *Si* caract (K) $= p$, *l'application* $\sigma : x \mapsto x^p$ *est un isomorphisme de* K *sur un de ses sous-corps* K^p.

On a $\sigma(xy) = \sigma(x)\,\sigma(y)$. D'autre part, le coefficient binomial $\binom{p}{k}$ est congru à 0 (mod p) si $1 < k < p$; on en déduit que

$$\sigma(x + y) = \sigma(x) + \sigma(y),$$

d'où le fait que σ est un homomorphisme. De plus, σ est évidemment injectif.

THÉORÈME 1. — i) *La caractéristique d'un corps fini* K *est un nombre premier* $p \neq 0$; *si* $f = [\mathrm{K} : \mathbf{F}_p]$, *le nombre d'éléments de* K *est* $q = p^f$.

ii) *Soit* p *un nombre premier et soit* $q = p^f$ $(f \geqslant 1)$ *une puissance de* p. *Soit* Ω *un corps algébriquement clos de caractéristique* p. *Il existe un sous-corps* $\mathbf{F}_q$ *de* Ω *et un seul qui ait* q *éléments ; c'est l'ensemble des racines du polynôme* $\mathrm{X}^q - \mathrm{X}$.

iii) *Tout corps fini à* $q = p^f$ *éléments est isomorphe à* $\mathbf{F}_q$.

Si K est fini, il ne contient pas le corps $\mathbf{Q}$; sa caractéristique est donc un nombre premier p. Si f est le degré de l'extension $\mathrm{K}/\mathbf{F}_p$, il est clair que $\mathrm{Card}\,(\mathrm{K}) = p^f$, d'où i).

D'autre part, si Ω est algébriquement clos de caractéristique p, il résulte du lemme ci-dessus que l'application $x \mapsto x^q$ (où $q = p^f$, $f \geqslant 1$) est un automorphisme de Ω; en effet, c'est la puissance f-ième de l'automorphisme $\sigma : x \mapsto x^p$ (noter que σ est surjectif puisque Ω est algébriquement clos). Les éléments $x \in \Omega$ invariants par $x \mapsto x^q$ forment donc un sous-corps $\mathbf{F}_q$ de Ω. Ce corps a q éléments. En effet, la dérivée du polynôme $\mathrm{X}^q - \mathrm{X}$ est

$$q\mathrm{X}^{q-1} - 1 = p.p^{f-1}\mathrm{X}^{q-1} - 1 = -1$$

et ne s'annule pas; il en résulte (puisque Ω est algébriquement clos) que $\mathrm{X}^q - \mathrm{X}$ a q racines distinctes; on a donc bien $\mathrm{Card}\,(\mathbf{F}_q) = q$. Inversement, si K est un sous-corps de Ω à q éléments, le groupe multiplicatif K^* des éléments non nuls de K a $q - 1$ éléments; on a donc $x^{q-1} = 1$ si $x \in \mathrm{K}^*$, d'où $x^q = x$ si $x \in \mathrm{K}$, ce qui montre que K est contenu dans $\mathbf{F}_q$; puisque

$$\mathrm{Card}\,(\mathrm{K}) = \mathrm{Card}\,(\mathbf{F}_q)$$

on a $\mathrm{K} = \mathbf{F}_q$, ce qui achève de prouver ii).

Enfin, l'assertion iii) résulte de ii) et du fait que tout

corps à p^f éléments peut être plongé dans Ω, puisque ce dernier est algébriquement clos.

1.2. *Groupe multiplicatif d'un corps fini.*

Soit p un nombre premier, soit f un entier $\geqslant 1$ et soit $q = p^f$.

THÉORÈME 2. — *Le groupe multiplicatif* $\mathbf{F}_q^*$ *du corps fini* $\mathbf{F}_q$ *est cyclique d'ordre* $q - 1$.

Démonstration. — Si d est un entier $\geqslant 1$, rappelons qu'on note $\varphi(d)$ *l'indicateur d'Euler* de d, c'est-à-dire le nombre des entiers x, avec $1 \leqslant x \leqslant d$, qui sont *premiers à* d (autrement dit, dont l'image dans $\mathbf{Z}/d\mathbf{Z}$ est un générateur de ce groupe).

Il est clair que le nombre des générateurs d'un groupe cyclique d'ordre d est égal à $\varphi(d)$.

LEMME 1. — *Si n est un entier $\geqslant 1$, on a* $n = \sum_{d \mid n} \varphi(d)$.

(Rappelons que la notation $d \mid n$ signifie que d *divise* n.)

Si d divise n, soit C_d l'unique sous-groupe de $\mathbf{Z}/n\mathbf{Z}$ d'ordre d, et soit Φ_d l'ensemble des générateurs de C_d. Comme tout élément de $\mathbf{Z}/n\mathbf{Z}$ engendre l'un des C_d, le groupe $\mathbf{Z}/n\mathbf{Z}$ est réunion disjointe des Φ_d et l'on a :

$$n = \mathrm{Card}\,(\mathbf{Z}/n\mathbf{Z}) = \sum_{d \mid n} \mathrm{Card}\,(\Phi_d) = \sum_{d \mid n} \varphi(d)\,.$$

LEMME 2. — *Soit* H *un groupe d'ordre fini n. On suppose que, pour tout diviseur d de n, l'ensemble des* $x \in \mathrm{H}$ *tels que* $x^d = 1$ *a au plus d éléments. Alors* H *est cyclique.*

Soit d un diviseur de n. S'il existe $x \in \mathrm{H}$ d'ordre d, le sous-groupe $(x) = \{1, x, \ldots, x^{d-1}\}$ engendré par x est cyclique d'ordre d; vu l'hypothèse, tout élément $y \in \mathrm{H}$ tel que $y^d = 1$ appartient à (x). En particulier, les seuls éléments de H d'ordre d sont les générateurs de (x), et ceux-ci sont en nombre $\varphi(d)$. Ainsi le nombre d'éléments de H d'ordre d est 0 ou $\varphi(d)$. Si c'était 0 pour une valeur de d, la formule $n = \sum_{d \mid n} \varphi(d)$ montrerait que le nombre d'éléments de H est $< n$, contrairement à l'hypothèse. En particulier, il existe un élément $x \in \mathrm{H}$ d'ordre n, et H coïncide avec le groupe cyclique (x).

Le théorème 2 résulte du lemme 2, appliqué à $\mathrm{H} = \mathbf{F}_q^*$ et $n = q - 1$; il est en effet évident que l'équation $x^d = 1$, qui est de degré d, a au plus d solutions dans $\mathbf{F}_q$.

Remarque. — La démonstration ci-dessus montre que, plus généralement, tout sous-groupe fini du groupe multiplicatif d'un corps est cyclique.

§ 2. Equations sur un corps fini

Soit q une puissance d'un nombre premier p, et soit K un corps à q éléments.

2.1. *Sommes de puissances.*

LEMME. — *Soit u un entier $\geqslant 0$. La somme* $\mathrm{S}(\mathrm{X}^u) = \sum_{x \in \mathrm{K}} x^u$ *est égale à* 1 *si u est $\geqslant 1$ et divisible par $q - 1$; elle est égale à* 0 *sinon.*

(On convient que $x^u = 1$ si $u = 0$, *même si* $x = 0$.)

Si $u = 0$, tous les termes de la somme sont égaux à 1, d'où $\mathrm{S}(\mathrm{X}^u) = q.1 = 0$, puisque K est de caractéristique p.

Si u est $\geqslant 1$, et divisible par $q - 1$, on a $0^u = 0$ et $x^u = 1$ si $x \neq 0$; d'où $\mathrm{S}(\mathrm{X}^u) = (q-1).1 = -1$.

Enfin, si u est $\geqslant 1$, et non divisible par $q - 1$, le fait que K^* soit cyclique d'ordre $q - 1$ (th. 2) montre qu'il existe $y \in \mathrm{K}^*$ tel que $y^u \neq 1$. On a

$$\mathrm{S}(\mathrm{X}^u) = \sum_{x \in \mathrm{K}^*} x^u = \sum_{x \in \mathrm{K}^*} y^u x^u = y^u \mathrm{S}(\mathrm{X}^u),$$

d'où $(1 - y^u).\mathrm{S}(\mathrm{X}^u) = 0$, et cela entraîne bien $\mathrm{S}(\mathrm{X}^u) = 0$.

(*Variante.* — Utiliser le fait que, si $d \geqslant 2$, la somme des racines d-ièmes de l'unité est nulle.)

2.2. *Le théorème de Chevalley.*

THÉORÈME 3 (Chevalley-Warning). — *Soient*

$$f_\alpha \in \mathrm{K}[\mathrm{X}_1, \ldots, \mathrm{X}_n]$$

des polynômes à n variables tels que $\sum \deg(f_\alpha) < n$, *et soit* V *l'ensemble de leurs zéros communs dans* K^n. *On a*

$$\mathrm{Card}\,(\mathrm{V}) \equiv 0 \pmod{p}.$$

Posons $\mathrm{P} = \prod_\alpha (1 - f_\alpha^{q-1})$, et soit $x \in \mathrm{K}^n$. Si $x \in \mathrm{V}$, tous les $f_\alpha(x)$ sont nuls, et l'on a $\mathrm{P}(x) = 1$; si $x \notin \mathrm{V}$, l'un des $f_\alpha(x)$ est non nul, et $f_\alpha^{q-1}(x) = 1$, d'où $\mathrm{P}(x) = 0$. Ainsi, P est la *fonction caractéristique* de V. Si, pour tout polynôme f, on pose $\mathrm{S}(f) = \sum_{x \in \mathrm{K}^n} f(x)$, on a donc :

$$\mathrm{Card}\,(\mathrm{V}) \equiv \mathrm{S}(\mathrm{P}) \pmod{p},$$

et tout revient à montrer que $\mathrm{S}(\mathrm{P}) = 0$.

Or, l'hypothèse $\sum \deg(f_\alpha) < n$ entraîne

$$\deg(\mathrm{P}) < n(q-1);$$

donc P est combinaison linéaire de monômes

$$\mathrm{X}^u = \mathrm{X}_1^{u_1} \ldots \mathrm{X}_n^{u_n}$$

avec $\sum u_i < n(q-1)$; il suffit de prouver que, pour un tel monôme X^u, on a $\mathrm{S}(\mathrm{X}^u) = 0$. Mais cela résulte du lemme, puisque l'un au moins des u_i est $< q - 1$, c.q.f.d.

COROLLAIRE 1. — *Si* $\sum \deg(f_\alpha) < n$, *et si les* f_α *sont sans terme constant, les* f_α *ont un zéro commun non trivial.*

En effet, si V était réduit à $\{0\}$, on aurait $\mathrm{Card}\,(\mathrm{V}) = 1$, et Card (V) ne serait pas divisible par p.

Le corollaire 1 s'applique notamment lorsque les f_α sont *homogènes*; en particulier :

COROLLAIRE 2. — *Toute forme quadratique d'au moins 3 variables sur* K *a un zéro non trivial.*

(En langage géométrique : toute conique sur un corps fini a un point rationnel.)

§ 3. Loi de réciprocité quadratique

3.1. *Carrés de* $\mathbf{F}_q$.

Soit q une puissance d'un nombre premier p.

THÉORÈME 4. — a) *Si* $p = 2$, *tout élément de* $\mathbf{F}_q$ *est un carré.*

b) *Si* $p \neq 2$, *les carrés de* $\mathbf{F}_q^*$ *forment un sous-groupe d'indice 2 de* $\mathbf{F}_q^*$; *ce sous-groupe est le noyau de l'homomorphisme* $x \mapsto x^{(q-1)/2}$, *à valeurs dans* $\{\pm 1\}$.

(En d'autres termes, on a une suite exacte :

$$1 \to \mathbf{F}_q^{*2} \to \mathbf{F}_q^* \to \{\pm 1\} \to 1.)$$

Le cas a) résulte de ce que $x \mapsto x^2$ est un automorphisme de $\mathbf{F}_q$.

Dans le cas b), soit Ω une clôture algébrique de $\mathbf{F}_q$; si $x \in \mathbf{F}_q^*$, soit $y \in \Omega$ tel que $y^2 = x$. On a

$$y^{q-1} = x^{(q-1)/2} = \pm 1,$$

puisque $x^{q-1} = 1$.

Pour que x soit un carré dans $\mathbf{F}_q$, il faut et il suffit que y appartienne à $\mathbf{F}_q$, c'est-à-dire que $y^{q-1} = 1$. On voit donc bien que $\mathbf{F}_q^{*2}$ est le noyau de $x \mapsto x^{(q-1)/2}$. De plus, comme $\mathbf{F}_q^*$ est cyclique d'ordre $q - 1$, l'indice de $\mathbf{F}_q^{*2}$ est égal à 2.

3.2. *Symbole de Legendre (cas élémentaires).*

DÉFINITION. — *Soit p un nombre premier* $\neq 2$, *et soit* $x \in \mathbf{F}_p^*$. *On appelle symbole de Legendre de x, et on note* $\left(\frac{x}{p}\right)$, *l'entier* $x^{(p-1)/2} = \pm 1$.

On convient d'étendre ce symbole à $\mathbf{F}_p$ tout entier en posant $\left(\frac{0}{p}\right) = 0$. De plus, si $x \in \mathbf{Z}$ a pour image $x' \in \mathbf{F}_p$, on pose $\left(\frac{x}{p}\right) = \left(\frac{x'}{p}\right)$.

On a $\left(\frac{x}{p}\right)\left(\frac{y}{p}\right) = \left(\frac{xy}{p}\right)$: le symbole de Legendre est un « caractère » (cf. chap. VI, § 1). Vu le théorème 4, $\left(\frac{x}{p}\right) = 1$ équivaut à $x \in \mathbf{F}_p^{*2}$; si $x \in \mathbf{F}_p^*$ a pour racine carrée y dans une clôture algébrique de $\mathbf{F}_p$, on a $\left(\frac{x}{p}\right) = y^{p-1}$.

Calcul de $\left(\frac{x}{p}\right)$ *pour* $x = 1, -1, 2$.

Si n est un entier *impair*, soient $\varepsilon(n)$ et $\omega(n)$ les éléments de $\mathbf{Z}/2\mathbf{Z}$ définis par :

$$\varepsilon(n) \equiv \frac{n-1}{2} \pmod 2 = \begin{cases} 0 & \text{si } n \equiv 1 \pmod 4 \\ 1 & \text{si } n \equiv -1 \pmod 4 \end{cases}$$

$$\omega(n) \equiv \frac{n^2-1}{8} \pmod 2 = \begin{cases} 0 & \text{si } n \equiv \pm 1 \pmod 8 \\ 1 & \text{si } n \equiv \pm 5 \pmod 8. \end{cases}$$

[L'application ε est un homomorphisme du groupe multiplicatif $(\mathbf{Z}/4\mathbf{Z})^*$ dans $\mathbf{Z}/2\mathbf{Z}$; de même, ω est un homomorphisme de $(\mathbf{Z}/8\mathbf{Z})^*$ dans $\mathbf{Z}/2\mathbf{Z}$.]

THÉORÈME 5. — *On a les formules :* (p ≠ 2)

i) $\left(\frac{1}{p}\right) = 1$;

ii) $\left(\frac{-1}{p}\right) = (-1)^{\varepsilon(p)}$;

iii) $\left(\frac{2}{p}\right) = (-1)^{\omega(p)}$.

Seule la dernière mérite qu'on la démontre. Si α désigne une racine primitive 8-ième de l'unité dans une clôture algébrique Ω de $\mathbf{F}_p$, l'élément $y = \alpha + \alpha^{-1}$ vérifie $y^2 = 2$ (en effet, on a $\alpha^4 = -1$, d'où $\alpha^2 + \alpha^{-2} = 0$). On a :

$$y^p = \alpha^p + \alpha^{-p}.$$

Si $p \equiv \pm 1 \pmod 8$, cela entraîne $y^p = y$, d'où $\left(\frac{2}{p}\right) = y^{p-1} = 1$.

Si $p \equiv \pm 5 \pmod 8$, on trouve :

$$y^p = \alpha^5 + \alpha^{-5} = -(\alpha + \alpha^{-1}) = -y;$$

cela se voit en utilisant la formule $\alpha + \alpha^3 + \alpha^5 + \alpha^7 = 0$. On en déduit que $y^{p-1} = -1$, d'où iii).

Remarque. — On peut exprimer le théorème 5 de la manière suivante :

$$-1 \text{ est un carré } (\bmod p) \Leftrightarrow p \equiv 1 \pmod 4.$$
$$2 \text{ est un carré } (\bmod p) \Leftrightarrow p \equiv \pm 1 \pmod 8.$$

3.3. *Loi de réciprocité quadratique.*

Soient ℓ et p deux nombres premiers distincts, différents de 2.

Théorème 6 (Gauss). — *On a* $\left(\frac{\ell}{p}\right) = \left(\frac{p}{\ell}\right)(-1)^{\varepsilon(\ell)\varepsilon(p)}$.

Soit Ω une clôture algébrique de $\mathbf{F}_p$, et soit $w \in \Omega$ une racine primitive ℓ-ième de l'unité. Si $x \in \mathbf{F}_\ell$, l'élément w^x a un sens, puisque $w^\ell = 1$. On peut donc définir la « somme de Gauss » :

$$y = \sum_{x \in \mathbf{F}_\ell} \left(\frac{x}{\ell}\right) w^x.$$

Lemme 1. — $y^2 = (-1)^{\varepsilon(\ell)}\ell$.

(Par abus de notations, on note encore ℓ l'image de ℓ dans le corps $\mathbf{F}_p$.)

En effet :

$$y^2 = \sum_{t,\,z} \left(\frac{tz}{\ell}\right) w^{t+z} = \sum_{u \in \mathbf{F}_\ell} w^u \left(\sum_{t \in \mathbf{F}_\ell} \left(\frac{t(u-t)}{\ell}\right)\right).$$

Or si $t \neq 0$:

$$\left(\frac{t(u-t)}{\ell}\right) = \left(\frac{-t^2}{\ell}\right)\left(\frac{1-ut^{-1}}{\ell}\right) = (-1)^{\varepsilon(\ell)}\left(\frac{1-ut^{-1}}{\ell}\right)$$

et

$$(-1)^{\varepsilon(\ell)} y^2 = \sum_{u \in \mathbf{F}_\ell} C_u w^u$$

où

$$C_u = \sum_{t \in \mathbf{F}_\ell^*} \left(\frac{1-ut^{-1}}{\ell}\right).$$

Si $u = 0$, $C_0 = \sum_{t \in \mathbf{F}_\ell^*} \left(\frac{1}{\ell}\right) = \ell - 1$; sinon $s = 1 - ut^{-1}$ décrit $\mathbf{F}_\ell - \{1\}$, et l'on a :

$$C_u = \sum_{s \in \mathbf{F}_\ell} \left(\frac{s}{\ell}\right) - \left(\frac{1}{\ell}\right) = -\left(\frac{1}{\ell}\right) = -1$$

vu que dans $\mathbf{F}_\ell^*$ il y a autant de carrés que d'éléments qui ne le sont pas. Donc :

$$\sum_{u \in \mathbf{F}_\ell} C_u w^u = \ell - 1 - \sum_{u \in \mathbf{F}_\ell^*} w^u = \ell$$

ce qui démontre le lemme.

LEMME 2. — $y^{p-1} = \left(\frac{p}{\ell}\right)$.

Puisque Ω est de caractéristique p, on a :

$$y^p = \sum_{x \in \mathbf{F}_\ell} \left(\frac{x}{\ell}\right) w^{xp} = \sum_{z \in \mathbf{F}_\ell} \left(\frac{zp^{-1}}{\ell}\right) w^z = \left(\frac{p^{-1}}{\ell}\right) y = \left(\frac{p}{\ell}\right) y$$

d'où $y^{p-1} = \left(\frac{p}{\ell}\right)$.

Le théorème 6 est maintenant immédiat. En effet, d'après les lemmes 1 et 2, on a

$$\left(\frac{(-1)^{\varepsilon(\ell)}\,\ell}{p}\right) = y^{p-1} = \left(\frac{p}{\ell}\right),$$

et d'autre part, le théorème 5 montre que

$$\left(\frac{(-1)^{\varepsilon(\ell)}}{p}\right) = (-1)^{\varepsilon(\ell)\,\varepsilon(p)}.$$

Traduction. — Ecrivons $\ell \mathrm{R} p$ si ℓ est un carré (mod p) (autrement dit, si ℓ est « *reste quadratique* » modulo p) et $\ell \mathrm{N} p$ sinon. Le théorème 6 signifie que :

$$\ell \mathrm{R} p \Leftrightarrow p \mathrm{R} \ell \quad \text{si } p \text{ ou } \ell \equiv 1 \pmod 4$$
$$\ell \mathrm{R} p \Leftrightarrow p \mathrm{N} \ell \quad \text{si } p \text{ et } \ell \equiv -1 \pmod 4.$$

Remarque. — Le théorème 6 peut être utilisé pour calculer par réductions successives les symboles de Legendre. Ainsi :

$$\left(\frac{29}{43}\right) = \left(\frac{43}{29}\right) = \left(\frac{14}{29}\right) = \left(\frac{2}{29}\right)\left(\frac{7}{29}\right)$$
$$= -\left(\frac{7}{29}\right) = -\left(\frac{29}{7}\right) = -\left(\frac{1}{7}\right) = -1.$$

Appendice

Autre démonstration de la loi de réciprocité quadratique

(d'après G. Eisenstein, *J. Crelle*, 29, 1845, p. 177-184)

i) *Le lemme de Gauss.*

Soit p un nombre premier $\neq 2$, et soit S une partie de $\mathbf{F}_p^*$ telle que $\mathbf{F}_p^*$ soit réunion disjointe de S et de $-$S; dans la suite, on prendra $\mathrm{S} = \{1, \ldots, \frac{p-1}{2}\}$.

Si $s \in S$ et $a \in \mathbf{F}_p^*$, on peut écrire as sous la forme

$$as = e_s(a)\, s_a, \quad \text{avec} \quad e_s(a) = \pm 1 \quad \text{et} \quad s_a \in S.$$

LEMME (Gauss). — $\left(\frac{a}{p}\right) = \prod_{s \in S} e_s(a)$.

On remarque d'abord que, si s et s' sont deux éléments distincts de S, on a $s_a \neq s'_a$ (car sinon, on aurait $s = \pm s'$, contrairement au choix de S). On en conclut que $s \mapsto s_a$ est une bijection de S sur lui-même. Faisons alors le produit des égalités $as = e_s(a)\, s_a$. On obtient :

$$a^{(p-1)/2} \prod_{s \in S} s = \Big(\prod_{s \in S} e_s(a)\Big) \prod_{s \in S} s_a = \Big(\prod_{s \in S} e_s(a)\Big) \prod_{s \in S} s$$

d'où

$$a^{(p-1)/2} = \prod_{s \in S} e_s(a),$$

ce qui démontre le lemme, puisque $\left(\frac{a}{p}\right) = a^{(p-1)/2}$ dans $\mathbf{F}_p$.

Exemple. — Prenons $a = 2$, et $S = \{1, \ldots, \frac{p-1}{2}\}$. On a $e_s(2) = 1$ si $2s \leqslant \frac{p-1}{2}$ et $e_s(2) = -1$ sinon. On en conclut que $\left(\frac{2}{p}\right) = (-1)^{n(p)}$, où $n(p)$ est le nombre d'entiers s tels que $\frac{p-1}{4} < s \leqslant \frac{p-1}{2}$. Si p est de la forme $1 + 4k$ (resp. $3 + 4k$), on a $n(p) = k + 1$. On retrouve ainsi le fait que $\left(\frac{2}{p}\right) = 1$ si $p \equiv \pm 1 \pmod 8$ et $\left(\frac{2}{p}\right) = -1$ si $p \equiv \pm 5 \pmod 8$, cf. théorème 5.

ii) *Un lemme trigonométrique.*

LEMME. — *Soit m un entier positif impair. On a :*

$$\frac{\sin mx}{\sin x} = (-4)^{(m-1)/2} \prod_{1 \leqslant j \leqslant (m-1)/2} \left(\sin^2 x - \sin^2 \frac{2\pi j}{m}\right).$$

Cela se vérifie sans difficulté (on peut, par exemple, démontrer d'abord que le premier membre est un polynôme de degré $(m-1)/2$ en $\sin^2 x$, puis remarquer que ce polynôme a pour racines les $\sin^2 \dfrac{2\pi j}{m}$, avec

$$1 \leqslant j \leqslant (m-1)/2;$$

le facteur $(-4)^{(m-1)/2}$ s'obtient en comparant les coefficients de $e^{i(m-1)x}$ dans les deux membres).

iii) *Démonstration de la loi de réciprocité.*

Soient ℓ et p deux nombres premiers distincts, et différents de 2. Soit $S = \{1, \ldots, (p-1)/2\}$, comme ci-dessus. D'après le lemme de Gauss, on a :

$$\left(\frac{\ell}{p}\right) = \prod_{s \in S} e_s(\ell).$$

Or l'égalité $\ell s = e_s(\ell)\, s_\ell$ montre que

$$\sin \frac{2\pi}{p}\, \ell s = e_s(\ell) \sin \frac{2\pi}{p}\, s_\ell.$$

En faisant le produit de ces égalités, et en tenant compte de ce que $s \mapsto s_\ell$ est une bijection, on obtient :

$$\left(\frac{\ell}{p}\right) = \prod_{s \in S} e_s(\ell) = \prod_{s \in S} \sin \frac{2\pi \ell s}{p} \Big/ \sin \frac{2\pi s}{p}.$$

En appliquant le lemme trigonométrique avec $m = \ell$, ceci peut s'écrire :

$$\left(\frac{\ell}{p}\right) = \prod_{s \in S} (-4)^{(\ell-1)/2} \prod_{t \in T} \left(\sin^2 \frac{2\pi s}{p} - \sin^2 \frac{2\pi t}{\ell}\right)$$

$$= (-4)^{(\ell-1)(p-1)/4} \prod_{s \in S,\, t \in T} \left(\sin^2 \frac{2\pi s}{p} - \sin^2 \frac{2\pi t}{\ell}\right),$$

où T désigne l'ensemble des entiers compris entre 1 et $(\ell - 1)/2$. En permutant les rôles de ℓ et p, on obtient de même :

$$\left(\frac{p}{\ell}\right) = (-4)^{(\ell-1)(p-1)/4} \prod_{s \in S,\, t \in T} \left(\sin^2 \frac{2\pi t}{\ell} - \sin^2 \frac{2\pi s}{p}\right).$$

Les facteurs donnant $\left(\frac{\ell}{p}\right)$ et $\left(\frac{p}{\ell}\right)$ sont donc identiques, au signe près. Comme il y en a $(p-1)(\ell-1)/4$, on trouve :

$$\left(\frac{\ell}{p}\right) = \left(\frac{p}{\ell}\right) (-1)^{(p-1)(\ell-1)/4},$$

ce qui est bien la loi de réciprocité quadratique, cf. théorème 6.

Chapitre II

CORPS p-ADIQUES

Dans tout ce chapitre, p désigne un nombre premier.

§ 1. L'anneau $\mathbf{Z}_p$ et le corps $\mathbf{Q}_p$

1.1. *Définitions.*

Pour tout $n \geqslant 1$, posons $A_n = \mathbf{Z}/p^n\mathbf{Z}$; c'est l'anneau des classes d'entiers (mod p^n). Un élément de A_n définit de manière évidente un élément de A_{n-1}; on obtient ainsi un homomorphisme

$$\varphi_n : A_n \to A_{n-1}$$

qui est surjectif, et de noyau $p^{n-1}A_n$.

La suite :

$$\ldots \to A_n \to A_{n-1} \to \ldots \to A_2 \to A_1$$

forme un « *système projectif* », indexé par les entiers $\geqslant 1$.

Définition 1. — *On appelle anneau des entiers p-adiques, et on note $\mathbf{Z}_p$, la limite projective du système (A_n, φ_n) défini ci-dessus.*

Par définition, un élément de $\mathbf{Z}_p = \varprojlim (A_n, \varphi_n)$ est une suite $x = (\ldots, x_n, \ldots, x_1)$, avec :

$$x_n \in A_n \quad \text{et} \quad \varphi_n(x_n) = x_{n-1} \quad \text{si} \quad n \geqslant 2.$$

L'addition et la multiplication de $\mathbf{Z}_p$ sont définies « coordonnées par coordonnées »; autrement dit, $\mathbf{Z}_p$ est un *sous-anneau* du produit $\prod_{n \geqslant 1} \mathrm{A}_n$. Si l'on munit les A_n de la topologie discrète, et $\prod \mathrm{A}_n$ de la topologie produit, l'anneau $\mathbf{Z}_p$ se trouve muni d'une topologie qui en fait un espace *compact* (car fermé dans un produit d'espaces compacts).

1.2. *Propriétés de* $\mathbf{Z}_p$.

Soit $\varepsilon_n : \mathbf{Z}_p \to \mathrm{A}_n$ l'application qui associe à un entier p-adique x sa n-ième composante x_n.

Proposition 1. — *La suite* $0 \to \mathbf{Z}_p \xrightarrow{p^n} \mathbf{Z}_p \xrightarrow{\varepsilon_n} \mathrm{A}_n \to 0$ *est exacte.*

(On peut donc identifier $\mathbf{Z}_p/p^n\,\mathbf{Z}_p$ à $\mathrm{A}_n = \mathbf{Z}/p^n\,\mathbf{Z}$.)

La multiplication par p (donc aussi par p^n) est injective dans $\mathbf{Z}_p$; en effet, si $x = (x_n)$ est un entier p-adique tel que $px = 0$, on a $px_{n+1} = 0$ pour tout n, ce qui entraîne que x_{n+1} est de la forme $p^n y_{n+1}$, avec $y_{n+1} \in \mathrm{A}_{n+1}$; comme $x_n = \varphi_{n+1}(x_{n+1})$, on voit que x_n est également divisible par p^n, donc est nul.

Il est clair que le noyau de ε_n contient $p^n\,\mathbf{Z}_p$; inversement, si $x = (x_m)$ appartient à $\mathrm{Ker}(\varepsilon_n)$, on a $x_m \equiv 0 \pmod{p^n}$ pour tout $m \geqslant n$, ce qui signifie qu'il existe un élément y_{m-n} bien déterminé de A_{m-n} tel que $x_m = p^n y_{m-n}$. Les y_i définissent un élément y de $\mathbf{Z}_p = \varprojlim \mathrm{A}_i$, et l'on vérifie tout de suite que $p^n y = x$, ce qui achève de démontrer la proposition.

Proposition 2. — a) *Pour qu'un élément de* $\mathbf{Z}_p$ *(resp. de* A_n*) soit inversible, il faut et il suffit qu'il ne soit pas divisible par* p.

b) *Si* $\mathbf{U}$ *désigne le groupe des éléments inversibles de* $\mathbf{Z}_p$, *tout élément de* $\mathbf{Z}_p$ *différent de* 0 *s'écrit de façon unique sous la forme* $p^n u$, *avec* $u \in \mathbf{U}$ *et* $n \geqslant 0$.

(Un élément de $\mathbf{U}$ est appelé une *unité p-adique*.)

Il suffit de prouver a) pour les A_n : le cas de $\mathbf{Z}_p$ en résultera. Or, si $x \in A_n$ n'appartient pas à pA_n, son image dans $A_1 = \mathbf{F}_p$ est non nulle, donc inversible; il existe alors $y, z \in A_n$ tels que $xy = 1 - pz$, d'où $xy(1 + pz + \ldots + p^{n-1} z^{n-1}) = 1$, ce qui montre bien que x est inversible.

D'autre part, si $x \in \mathbf{Z}_p$ est non nul, il existe un plus grand entier n tel que $x_n = \varepsilon_n(x)$ soit nul; on a alors $x = p^n u$, avec u non divisible par p, d'où $u \in \mathbf{U}$ d'après a). L'unicité de cette décomposition est évidente.

Notation. — Soit x un élément non nul de $\mathbf{Z}_p$; écrivons x sous la forme $p^n u$, avec $u \in \mathbf{U}$. L'entier n est appelé la *valuation p-adique* de x, et noté $v_p(x)$. On pose $v_p(0) = +\infty$, et l'on a :

$$v_p(xy) = v_p(x) + v_p(y)$$
$$v_p(x + y) \geqslant \operatorname{Inf}(v_p(x), v_p(y)).$$

Il résulte aussitôt de ces formules que $\mathbf{Z}_p$ est un anneau *intègre*.

PROPOSITION 3. — *La topologie de $\mathbf{Z}_p$ peut être définie par la distance*

$$d(x, y) = e^{-v_p(x-y)}.$$

L'anneau $\mathbf{Z}_p$ est un espace complet, dans lequel $\mathbf{Z}$ est dense.

Les idéaux $p^n \mathbf{Z}_p$ forment une base de voisinages de 0; comme $x \in p^n \mathbf{Z}_p$ équivaut à $v_p(x) \geqslant n$, on voit bien que la topologie de $\mathbf{Z}_p$ est définie par la distance

$$d(x, y) = e^{-v_p(x-y)}.$$

Comme $\mathbf{Z}_p$ est compact, il est complet. Enfin, si $x = (x_n)$ est un élément de $\mathbf{Z}_p$, et si $y_n \in \mathbf{Z}$ est congru à x_n (mod p^n), on a $\lim . y_n = x$, ce qui prouve que $\mathbf{Z}$ est dense dans $\mathbf{Z}_p$.

1.3. *Le corps* $\mathbf{Q}_p$.

DÉFINITION 2. — *On appelle corps des nombres p-adiques, et on note* $\mathbf{Q}_p$, *le corps des fractions de l'anneau* $\mathbf{Z}_p$.

On voit tout de suite que $\mathbf{Q}_p = \mathbf{Z}_p[p^{-1}]$. Tout élément x de $\mathbf{Q}_p^*$ s'écrit de façon unique sous la forme $p^n u$, avec $n \in \mathbf{Z}$, $u \in \mathbf{U}$; ici encore, n s'appelle la valuation p-adique de x, et se note $v_p(x)$. On a $v_p(x) \geqslant 0$ si et seulement si $x \in \mathbf{Z}_p$.

PROPOSITION 4. — *Le corps* $\mathbf{Q}_p$, *muni de la topologie définie par* $d(x, y) = e^{-v_p(x-y)}$, *est localement compact, et* $\mathbf{Z}_p$ *en est un sous-anneau ouvert ; le corps* $\mathbf{Q}$ *est dense dans* $\mathbf{Q}_p$.

C'est immédiat.

Remarques. — 1) On aurait pu définir $\mathbf{Q}_p$ (resp. $\mathbf{Z}_p$) comme le *complété* de $\mathbf{Q}$ (resp. $\mathbf{Z}$) pour la distance p-adique d.

2) La distance d vérifie l'inégalité « *ultramétrique* » :

$$d(x, z) \leqslant \operatorname{Sup}(d(x, y), d(y, z)).$$

On en déduit facilement qu'une suite u_n a une limite si et seulement si $\lim.(u_{n+1} - u_n) = 0$; de même, une série converge si et seulement si son terme général tend vers 0.

§ 2. Equations p-adiques

2.1. *Solutions.*

LEMME. — *Soit* $\ldots \to X_n \to X_{n-1} \to \ldots \to X_1$ *un système projectif, et soit* $X = \varprojlim X_n$ *sa limite projective. Si les* X_n *sont finis et non vides,* X *est non vide.*

Le fait que X soit $\neq \varnothing$ est clair si les $X_n \to X_{n-1}$ sont surjectifs; on va se ramener à ce cas. Pour cela, notons $X_{n,p}$ l'image de X_{n+p} dans X_n; pour n fixe, les $X_{n,p}$ forment une famille décroissante d'ensembles finis non vides; il en résulte que cette famille est *stationnaire*, i.e. que $X_{n,p}$ est indépendant de p pour p assez grand. Soit Y_n cette valeur limite des $X_{n,p}$. On vérifie immédiatement que $X_n \to X_{n-1}$ applique Y_n *sur* Y_{n-1}; comme les Y_n sont non vides, on a $\varprojlim Y_n \neq \varnothing$ d'après la remarque faite plus haut; d'où, *a fortiori*, $\varprojlim X_n \neq \varnothing$.

Notation. — Si $f \in \mathbf{Z}_p[X_1, \ldots, X_m]$ est un polynôme à coefficients dans $\mathbf{Z}_p$, et si n est un entier $\geqslant 1$, on note f_n le polynôme à coefficients dans A_n déduit de f par réduction $(\operatorname{mod} p^n)$.

PROPOSITION 5. — *Soient* $f^{(i)} \in \mathbf{Z}_p[X_1, \ldots, X_m]$ *des polynômes à coefficients entiers p-adiques. Il y a équivalence entre :*

i) *Les* $f^{(i)}$ *ont un zéro commun dans* $(\mathbf{Z}_p)^m$.

ii) *Pour tout* $n \geqslant 1$, *les polynômes* $f_n^{(i)}$ *ont un zéro commun dans* $(A_n)^m$.

Soit X (resp. X_n) l'ensemble des zéros communs aux $f^{(i)}$ (resp. aux $f_n^{(i)}$). Les X_n sont finis, et l'on a $X = \varprojlim X_n$; d'après le lemme ci-dessus, X est non vide si et seulement si les X_n sont non vides; d'où la proposition.

Un point $x = (x_1, \ldots, x_m)$ de $(\mathbf{Z}_p)^m$ est dit *primitif* si l'un des x_i est inversible, c'est-à-dire si les x_i ne sont pas tous divisibles par p; on définit de manière analogue les éléments primitifs de $(A_n)^m$.

PROPOSITION 6. — *Soient* $f^{(i)} \in \mathbf{Z}_p[X_1, \ldots, X_m]$ *des polynômes homogènes à coefficients entiers p-adiques. Il y a équivalence entre :*

a) *Les* $f^{(i)}$ *ont un zéro commun non trivial dans* $(\mathbf{Q}_p)^m$.

b) *Les* $f^{(i)}$ *ont un zéro commun primitif dans* $(\mathbf{Z}_p)^m$.

c) *Pour tout* $n \geqslant 1$, *les* $f_n^{(i)}$ *ont un zéro commun primitif dans* $(A_n)^m$.

L'implication b) $\Rightarrow$ a) est évidente. Inversement, si $x = (x_1, \ldots, x_m)$ est un zéro commun non trivial des $f^{(i)}$, posons :

$$h = \operatorname{Inf}(v_p(x_1), \ldots, v_p(x_m)), \quad \text{et} \quad y = p^{-h}x.$$

Il est clair que y est un élément primitif de $(\mathbf{Z}_p)^m$, et que c'est un zéro commun des $f^{(i)}$; on a donc bien b) $\Leftrightarrow$ a).

Quant à l'équivalence de b) et c), elle résulte du lemme donné plus haut.

2.2. *Amélioration des solutions approchées.*

Il s'agit de passer d'une solution (mod p^n) à une solution véritable (i.e. à coefficients dans $\mathbf{Z}_p$). On utilise le lemme suivant (analogue p-adique de la « méthode de Newton ») :

LEMME. — *Soit* $f \in \mathbf{Z}_p[X]$, *et soit* f' *sa dérivée. Soient* $x \in \mathbf{Z}_p$, $n, k \in \mathbf{Z}$ *tels que* $0 \leqslant 2k < n$, $f(x) \equiv 0 \pmod{p^n}$, $v_p(f'(x)) = k$. *Il existe alors* $y \in \mathbf{Z}_p$ *tel que :*

$$f(y) \equiv 0 \pmod{p^{n+1}}$$

$$v_p(f'(y)) = k \quad \textit{et} \quad y \equiv x \pmod{p^{n-k}}.$$

Prenons y de la forme $x + p^{n-k}z$, avec $z \in \mathbf{Z}_p$. D'après la formule de Taylor, on a :

$$f(y) = f(x) + p^{n-k}zf'(x) + p^{2n-2k}a, \quad \text{avec} \quad a \in \mathbf{Z}_p.$$

Par hypothèse, on a $f(x) = p^n b$ et $f'(x) = p^k c$, avec $b \in \mathbf{Z}_p$ et $c \in \mathbf{U}$; cela permet de choisir z de telle sorte que

$$b + zc \equiv 0 \pmod{p}.$$

Dès lors

$$f(y) = p^n(b + zc) + p^{2n-2k}a \equiv 0 \pmod{p^{n+1}}$$

puisque $2n - 2k > n$. Enfin, la formule de Taylor appliquée à f' montre que $f'(y) \equiv p^k c \pmod{p^{n-k}}$; comme $n - k > k$, on en déduit bien que $v_p(f'(y)) = k$.

THÉORÈME 1. — *Soient* $f \in \mathbf{Z}_p[X_1, \ldots, X_m]$, $x = (x_i) \in (\mathbf{Z}_p)^m$, $n, k \in \mathbf{Z}$ *et* j *un entier compris entre* 1 *et* m. *On suppose que* $0 \leqslant 2k < n$, *et que*

$$f(x) \equiv 0 \pmod{p^n} \quad \textit{et} \quad v_p\left(\frac{\partial f}{\partial X_j}(x)\right) = k.$$

Il existe alors un zéro y de f dans $(\mathbf{Z}_p)^m$ qui est congru à x modulo p^{n-k}.

Supposons d'abord que $m = 1$. En appliquant le lemme ci-dessus à $x^{(0)} = x$, on obtient $x^{(1)} \in \mathbf{Z}_p$, congru à $x^{(0)} \pmod{p^{n-k}}$, et tel que :

$$f(x^{(1)}) \equiv 0 \pmod{p^{n+1}}, \qquad v_p(f'(x^{(1)})) = k.$$

On peut appliquer le lemme à $x^{(1)}$, en remplaçant n par $n + 1$. De proche en proche, on construit ainsi une suite $x^{(0)}, \ldots, x^{(q)}, \ldots$, telle que :

$$x^{(q+1)} \equiv x^{(q)} \pmod{p^{n+q-k}}, \qquad f(x^{(q)}) \equiv 0 \pmod{p^{n+q}}.$$

C'est une suite de Cauchy; si l'on note y sa limite, on a évidemment $f(y) = 0$ et $y \equiv x \pmod{p^{n-k}}$, d'où le théorème dans ce cas.

Le cas $m > 1$ se ramène au cas $m = 1$ car on ne modifie que x_j. Plus précisément, soit $\tilde{f} \in \mathbf{Z}_p[\mathrm{X}_j]$ le polynôme à une variable obtenu en remplaçant les X_i, $i \neq j$, par les x_i. On peut appliquer ce que l'on vient de démontrer à $\tilde{f}$ et à x_j; on en déduit l'existence de $y_j \equiv x_j \pmod{p^{n-k}}$ tel que $\tilde{f}(y_j) = 0$. Si l'on pose $y_i = x_i$ pour $i \neq j$, l'élément $y = (y_i)$ répond à la question.

Corollaire 1. — *Tout zéro simple de la réduction modulo p d'un polynôme f se relève en un zéro de f à coefficients dans $\mathbf{Z}_p$.*

(Si g est un polynôme sur un corps, un zéro x de g est dit *simple* si l'une au moins des dérivées partielles $\partial g/\partial \mathrm{X}_j$ est non nulle en x.)

C'est le cas particulier $n = 1$, $k = 0$.

Corollaire 2. — *Supposons $p \neq 2$. Soit*

$$f(\mathrm{X}) = \sum a_{ij} \mathrm{X}_i \mathrm{X}_j$$

avec $a_{ij} = a_{ji}$, une forme quadratique à coefficients dans $\mathbf{Z}_p$ dont le discriminant $\det(a_{ij})$ *est inversible. Soit $a \in \mathbf{Z}_p$. Toute solution primitive de l'équation $f(x) \equiv a \pmod{p}$ se relève en une solution exacte.*

Vu le corollaire 1, il suffit de voir que x n'annule pas toutes les dérivées partielles de f modulo p. Or :

$$\frac{\partial f}{\partial X_j} = 2\sum_i a_{ij} X_i \ ;$$

comme $\det(a_{ij}) \not\equiv 0 \pmod p$ et que x est primitive, on voit bien que l'une de ces dérivées partielles est $\not\equiv 0$ $\pmod p$.

COROLLAIRE 3. — *Supposons* $p = 2$. *Soit*

$$f = \sum a_{ij} X_i X_j$$

avec $a_{ij} = a_{ji}$, *une forme quadratique à coefficients dans* $\mathbf{Z}_2$, *et soit* $a \in \mathbf{Z}_2$. *Soit x une solution primitive de* $f(x) \equiv a$ $\pmod 8$. *On peut relever x en une solution exacte, pourvu que x n'annule pas toutes les* $\partial f/\partial X_j$ *modulo* 4; *cette dernière condition est notamment vérifiée si* $\det(a_{ij})$ *est inversible.*

La première assertion résulte du théorème, appliqué à $n = 3$, $k = 1$; la seconde se démontre comme dans le cas $p \neq 2$ (à cela près qu'il faut tenir compte du facteur 2).

§ 3. Le groupe multiplicatif de $\mathbf{Q}_p$

3.1. *La filtration du groupe des unités.*

Soit $\mathbf{U} = \mathbf{Z}_p^*$ le groupe des unités p-adiques. Pour tout $n \geqslant 1$, on pose $\mathbf{U}_n = 1 + p^n \mathbf{Z}_p$; il est clair que $\mathbf{U}_n$ est le noyau de l'homomorphisme $\varepsilon_n : \mathbf{U} \to (\mathbf{Z}/p^n\mathbf{Z})^*$. En particulier, le quotient $\mathbf{U}/\mathbf{U}_1$ s'identifie à $\mathbf{F}_p^*$, donc est cyclique d'ordre $p - 1$ (cf. chap. I, th. 2). Les $\mathbf{U}_n$ forment une suite décroissante de sous-groupes ouverts de $\mathbf{U}$, et l'on a $\mathbf{U} = \varprojlim \mathbf{U}/\mathbf{U}_n$. Si $n \geqslant 1$, l'application $(1 + p^n x) \mapsto (x \text{ modulo } p)$ définit un isomorphisme

$$\mathbf{U}_n/\mathbf{U}_{n+1} \xrightarrow{\sim} \mathbf{Z}/p\mathbf{Z} \ ;$$

cela résulte de la formule :

$$(1 + p^n x)(1 + p^n y) \equiv 1 + p^n(x + y) \pmod{p^{n+1}}.$$

On en déduit, par récurrence sur n, que $\mathbf{U}_1/\mathbf{U}_n$ est d'ordre p^{n-1}.

LEMME. — *Soit* $0 \to A \to E \to B \to 0$ *une suite exacte de groupes commutatifs (notés additivement), avec* A *et* B *finis d'ordres a et b premiers entre eux. Soit* B′ *l'ensemble des* $x \in E$ *tels que* $bx = 0$. *Le groupe* E *est somme directe de* A *et de* B′ ; *de plus,* B′ *est le seul sous-groupe de* E *isomorphe à* B.

Puisque a et b sont premiers entre eux, il existe $r, s \in \mathbf{Z}$ tels que $ar + bs = 1$. Si $x \in A \cap B'$, on a $ax = bx = 0$, d'où $(ar + bs)\,x = x = 0$; ainsi $A \cap B' = 0$. De plus, tout $x \in E$ peut s'écrire $x = arx + bsx$; comme $bB = 0$, on a $bE \subset A$, d'où $bsx \in A$; d'autre part, on a $abE = 0$, d'où $arx \in B$. On voit donc bien que $E = A \oplus B'$, et la projection $E \to B$ définit un isomorphisme de B′ sur B. Inversement, si B″ est un sous-groupe de E isomorphe à B, on a $bB'' = 0$, d'où $B'' \subset B'$ et $B'' = B'$ puisque ces groupes ont le même ordre.

PROPOSITION 7. — *On a* $\mathbf{U} = \mathbf{V} \times \mathbf{U}_1$, *où*

$$\mathbf{V} = \{x \in \mathbf{U} \mid x^{p-1} = 1\}$$

est le seul sous-groupe de $\mathbf{U}$ *isomorphe à* $\mathbf{F}_p^*$.

On applique le lemme aux suites exactes :

$$1 \to \mathbf{U}_1/\mathbf{U}_n \to \mathbf{U}/\mathbf{U}_n \to \mathbf{F}_p^* \to 1$$

ce qui est licite puisque l'ordre de $\mathbf{U}_1/\mathbf{U}_{n-1}$ est p^{n-1}, et celui de $\mathbf{F}_p^*$ est $p - 1$. On en conclut que $\mathbf{U}/\mathbf{U}_n$ contient un unique sous-groupe $\mathbf{V}_n$ isomorphe à $\mathbf{F}_p^*$, et la projection

$$\mathbf{U}/\mathbf{U}_n \to \mathbf{U}/\mathbf{U}_{n-1}$$

applique $\mathbf{V}_n$ isomorphiquement sur $\mathbf{V}_{n-1}$. Comme

$$\mathbf{U} = \varprojlim \mathbf{U}/\mathbf{U}_n$$

on en déduit par passage à la limite un sous-groupe $\mathbf{V}$ de $\mathbf{U}$ isomorphe à $\mathbf{F}_p^*$; on a $\mathbf{U} = \mathbf{V} \times \mathbf{U}_1$; l'unicité de $\mathbf{V}$ résulte de celle des $\mathbf{V}_n$.

COROLLAIRE. — *Le corps* $\mathbf{Q}_p$ *contient les racines* $(p-1)$*-ièmes de l'unité.*

Remarques. — 1) Le groupe $\mathbf{V}$ s'appelle le groupe des *représentants multiplicatifs* des éléments de $\mathbf{F}_p^*$.

2) L'existence de $\mathbf{V}$ peut aussi se démontrer en appliquant le corollaire 1 au théorème 1 à l'équation

$$X^{p-1} - 1 = 0.$$

3.2. *Structure du groupe* $\mathbf{U}_1$.

LEMME. — *Soit* $x \in \mathbf{U}_n - \mathbf{U}_{n+1}$, *avec* $n \geqslant 1$ *si* $p \neq 2$ *et* $n \geqslant 2$ *si* $p = 2$. *On a alors* $x^p \in \mathbf{U}_{n+1} - \mathbf{U}_{n+2}$.

L'hypothèse signifie que $x = 1 + kp^n$, avec $k \not\equiv 0 \pmod{p}$. D'après la formule du binôme, on a

$$x^p = 1 + kp^{n+1} + \ldots + k^p p^{np}$$

et les exposants de p dans les termes non écrits sont $\geqslant 2n + 1$, donc aussi $\geqslant n + 2$. D'autre part, on a $np \geqslant n + 2$ (grâce au fait que $n \geqslant 2$ si $p = 2$). On en conclut que

$$x^p \equiv 1 + kp^{n+1} \pmod{p^{n+2}}$$

d'où $x^p \in \mathbf{U}_{n+1} - \mathbf{U}_{n+2}$.

PROPOSITION 8. — *Si* $p \neq 2$, $\mathbf{U}_1$ *est isomorphe à* $\mathbf{Z}_p$. *Si* $p = 2$, *on a* $\mathbf{U}_1 = \{\pm 1\} \times \mathbf{U}_2$ *et* $\mathbf{U}_2$ *est isomorphe à* $\mathbf{Z}_2$.

Occupons-nous d'abord du cas $p \neq 2$. Choisissons un élément $\alpha \in \mathbf{U}_1 - \mathbf{U}_2$, par exemple $\alpha = 1 + p$. D'après le lemme ci-dessus, on a $\alpha^{p^i} \in \mathbf{U}_{i+1} - \mathbf{U}_{i+2}$. Soit α_n l'image de α dans $\mathbf{U}_1/\mathbf{U}_n$; on a $(\alpha_n)^{p^{n-2}} \neq 1$ et $(\alpha_n)^{p^{n-1}} = 1$ en vertu de ce qui précède. Mais $\mathbf{U}_1/\mathbf{U}_n$ est d'ordre p^{n-1}; on en conclut que c'est un groupe *cyclique*, engendré par α_n.

Notons alors $\theta_{n,\alpha}$ l'isomorphisme $z \mapsto \alpha_n^z$ de $\mathbf{Z}/p^{n-1}\mathbf{Z}$ sur $\mathbf{U}_1/\mathbf{U}_n$. Le diagramme

$$\begin{array}{ccc} \mathbf{Z}/p^n\mathbf{Z} & \xrightarrow{\theta_{n-1,\alpha}} & \mathbf{U}_1/\mathbf{U}_{n+1} \\ \downarrow & & \downarrow \\ \mathbf{Z}/p^{n-1}\mathbf{Z} & \xrightarrow{\theta_{n,\alpha}} & \mathbf{U}_1/\mathbf{U}_n \end{array}$$

est commutatif. On en conclut que les $\theta_{n,\alpha}$ définissent un isomorphisme θ_α de $\mathbf{Z}_p = \varprojlim . \mathbf{Z}/p^{n-1}\mathbf{Z}$ sur

$$\mathbf{U}_1 = \varprojlim . \mathbf{U}_1/\mathbf{U}_n,$$

d'où la proposition pour $p \neq 2$.

Supposons maintenant que $p = 2$. On choisit alors $\alpha \in \mathbf{U}_2 - \mathbf{U}_3$, autrement dit $\alpha \equiv 5 \pmod 8$. On définit comme ci-dessus des isomorphismes

$$\theta_{n,\alpha} : \mathbf{Z}/2^{n-2}\mathbf{Z} \rightarrow \mathbf{U}_2/\mathbf{U}_n,$$

d'où un isomorphisme $\theta_\alpha : \mathbf{Z}_2 \rightarrow \mathbf{U}_2$. De plus, l'homomorphisme

$$\mathbf{U}_1 \rightarrow \mathbf{U}_1/\mathbf{U}_2 \simeq \mathbf{Z}/2\mathbf{Z}$$

induit un isomorphisme de $\{\pm 1\}$ sur $\mathbf{Z}/2\mathbf{Z}$. On en déduit que $\mathbf{U}_1 = \{\pm 1\} \times \mathbf{U}_2$, c.q.f.d.

THÉORÈME 2. — *Le groupe* $\mathbf{Q}_p^*$ *est isomorphe à*

$$\mathbf{Z} \times \mathbf{Z}_p \times \mathbf{Z}/(p-1)\mathbf{Z} \quad \textit{si} \quad p \neq 2$$

et à

$$\mathbf{Z} \times \mathbf{Z}_2 \times \mathbf{Z}/2\mathbf{Z} \quad \textit{si} \quad p = 2.$$

Tout élément $x \in \mathbf{Q}_p^*$ s'écrit de façon unique sous la forme $x = p^n u$, avec $n \in \mathbf{Z}$ et $u \in \mathbf{U}$. On a donc $\mathbf{Q}_p^* \simeq \mathbf{Z} \times \mathbf{U}$. D'autre part, la proposition 7 montre que $\mathbf{U} = \mathbf{V} \times \mathbf{U}_1$, où $\mathbf{V}$ est cyclique d'ordre $p - 1$; enfin, la structure de $\mathbf{U}_1$ est donnée par la proposition 8.

3.3. *Carrés de* $\mathbf{Q}_p^*$.

THÉORÈME 3. — *Supposons* $p \neq 2$, *et soit* $x = p^n u$ *un élément de* $\mathbf{Q}_p^*$ *avec* $n \in \mathbf{Z}$ *et* $u \in \mathbf{U}$. *Pour que* x *soit un carré, il faut et il suffit que* n *soit pair, et que l'image* $\bar{u}$ *de* u *dans* $\mathbf{F}_p^* = \mathbf{U}/\mathbf{U}_1$ *soit un carré.*

(Cette dernière condition revient à dire que le *symbole de Legendre* $\left(\frac{\bar{u}}{p}\right)$ de $\bar{u}$ est égal à 1; nous écrirons par la suite $\left(\frac{u}{p}\right)$ au lieu de $\left(\frac{\bar{u}}{p}\right)$.)

Décomposons u sous la forme $u = v . u_1$, avec $v \in \mathbf{V}$ et $u_1 \in \mathbf{U}_1$. La décomposition $\mathbf{Q}_p^* \simeq \mathbf{Z} \times \mathbf{V} \times \mathbf{U}_1$ du théorème 2 montre que x est un carré si et seulement si n est pair et v et u_1 sont des carrés; mais $\mathbf{U}_1$ est isomorphe à $\mathbf{Z}_p$, et 2 est inversible dans $\mathbf{Z}_p$; tout élément de $\mathbf{U}_1$ est donc un carré. Comme V est isomorphe à $\mathbf{F}_p^*$, le théorème en résulte.

COROLLAIRE. — *Si* $p \neq 2$, *le groupe* $\mathbf{Q}_p^*/\mathbf{Q}_p^{*2}$ *est un groupe de type* (2, 2) ; *il admet pour représentants* $\{1, p, u, up\}$ *où* $u \in \mathbf{U}$ *est tel que* $\left(\frac{u}{p}\right) = -1$.

C'est évident.

THÉORÈME 4. — *Pour qu'un élément* $x = 2^n u$ *de* $\mathbf{Q}_2^*$ *soit un carré, il faut et il suffit que* n *soit pair et que* $u \equiv 1 \pmod 8$.

La décomposition $\mathbf{U} = \{\pm 1\} \times \mathbf{U}_2$ montre que u est un carré si et seulement si u appartient à $\mathbf{U}_2$, et est un carré dans $\mathbf{U}_2$. Or l'isomorphisme $\theta_\alpha : \mathbf{Z}_2 \to \mathbf{U}_2$ construit dans la démonstration de la proposition 8 applique $2^n \mathbf{Z}_2$ sur $\mathbf{U}_{n+2}$; on en conclut (pour $n = 1$) que l'ensemble des carrés de $\mathbf{U}_2$ est égal à $\mathbf{U}_3$. Un élément $u \in \mathbf{U}$ est donc un carré si, et seulement si, il est congru à 1 modulo 8, d'où le théorème.

Remarque. — Le fait que tout élément de $\mathbf{U}_3$ est un carré résulte aussi du corollaire 3 au théorème 1, appliqué à la forme quadratique X^2.

COROLLAIRE. — *Le groupe* $\mathbf{Q}_2^*/\mathbf{Q}_2^{*2}$ *est de type* (2, 2, 2). *Il admet pour représentants* $\{\pm 1, \pm 5, \pm 2, \pm 10\}$.

Cela résulte du fait que $\{\pm 1, \pm 5\}$ est un système de représentants pour $\mathbf{U}/\mathbf{U}_3$.

Remarques. — 1) Pour $p = 2$, définissons des homomorphismes $\varepsilon, \omega : \mathbf{U}/\mathbf{U}_3 \to \mathbf{Z}/2\mathbf{Z}$ au moyen des formules du chapitre I, nº 3.2 :

$$\varepsilon(z) \equiv \frac{z-1}{2} \pmod 2 = \begin{cases} 0 & \text{si } z \equiv 1 \pmod 4 \\ 1 & \text{si } z \equiv -1 \pmod 4 \end{cases}$$

$$\omega(z) \equiv \frac{z^2-1}{8} \pmod 2 = \begin{cases} 0 & \text{si } z \equiv \pm 1 \pmod 8 \\ 1 & \text{si } z \equiv \pm 5 \pmod 8. \end{cases}$$

Il est clair que ε définit un isomorphisme de $\mathbf{U}/\mathbf{U}_2$ sur $\mathbf{Z}/2\mathbf{Z}$ et ω un isomorphisme de $\mathbf{U}_2/\mathbf{U}_3$ sur $\mathbf{Z}/2\mathbf{Z}$. Le couple (ε, ω) définit donc un *isomorphisme de* $\mathbf{U}/\mathbf{U}_3$ *sur* $\mathbf{Z}/2\mathbf{Z} \times \mathbf{Z}/2\mathbf{Z}$; en particulier, une unité 2-adique z est un carré si et seulement si l'on a $\varepsilon(z) = \omega(z) = 0$.

2) Les théorèmes 3 et 4 montrent que $\mathbf{Q}_p^{*2}$ est un sous-groupe *ouvert* de $\mathbf{Q}_p^*$.

CHAPITRE III

SYMBOLE DE HILBERT

§ 1. Propriétés locales

Dans ce paragraphe, la lettre k désigne, soit le corps $\mathbf{R}$ des nombres réels, soit le corps $\mathbf{Q}_p$ des nombres p-adiques (p étant un nombre premier).

1.1. *Définition et premières propriétés.*

Soient $a, b \in k^*$. On pose :

$(a, b) = 1$ si $z^2 - ax^2 - by^2 = 0$ a une solution $\neq (0, 0, 0)$ dans k^3;

$(a, b) = -1$ sinon.

Le nombre $(a, b) = \pm 1$ s'appelle le *symbole de Hilbert* de a et b, relativement à k. Il est clair que (a, b) ne change pas lorsqu'on multiplie a et b par des *carrés*; le symbole de Hilbert définit donc une *application de* $k^*/k^{*2} \times k^*/k^{*2}$ *dans* $\{\pm 1\}$.

PROPOSITION 1. — *Soient* $a, b \in k^*$, *et soit* $k_b = k(\sqrt{b})$ *le corps obtenu en adjoignant à* k *une racine carrée de* b. *Pour que* $(a, b) = 1$, *il faut et il suffit que* a *appartienne au groupe* $\mathrm{N}k_b^*$ *des normes des éléments de* k_b^*.

Si b est le carré d'un élément c, l'équation

$$z^2 - ax^2 - by^2 = 0$$

admet $(c, 0, 1)$ pour solution, et l'on a $(a, b) = 1$, d'où la proposition dans ce cas, puisque $k_b = k$ et $Nk_b^* = k^*$. Sinon, k_b est quadratique sur k; si β désigne une racine carrée de b, tout élément $\xi \in k_b$ s'écrit $z + \beta y$, avec $y, z \in k$, et la norme $N(\xi)$ de ξ est égale à $z^2 - by^2$. Si $a \in Nk_b^*$, il existe donc $y, z \in k$ tels que $a = z^2 - by^2$, si bien que la forme quadratique $z^2 - ax^2 - by^2$ a un zéro $(z, 1, y)$, et l'on a $(a, b) = 1$. Inversement, si $(a, b) = 1$, cette forme a un zéro $(z, x, y) \neq (0, 0, 0)$; on a nécessairement $x \neq 0$, car sinon b serait un carré; on en conclut que a est norme de $\frac{z}{x} + \beta \frac{y}{x}$.

Proposition 2. — *Le symbole de Hilbert satisfait aux formules* :

i) $(a, b) = (b, a)$ *et* $(a, c^2) = 1$;
ii) $(a, -a) = 1$ *et* $(a, 1 - a) = 1$;
iii) $(a, b) = 1 \Rightarrow (aa', b) = (a', b)$;
iv) $(a, b) = (a, -ab) = (a, (1 - a) b)$.

(Dans ces formules, a, a', b, c désignent des éléments de k^*; on suppose $a \neq 1$ lorsque la formule contient le terme $1 - a$.)

La formule i) est évidente. Si $b = -a$ (resp. si $b = 1 - a$), la forme quadratique $z^2 - ax^2 - by^2$ a pour zéro $(0, 1, 1)$ (resp. $(1, 1, 1)$); on a donc $(a, b) = 1$, ce qui démontre ii). Si $(a, b) = 1$, l'élément a appartient au sous-groupe Nk_b^*, cf. proposition 1; on a donc

$$a' \in Nk_b^* \quad \Leftrightarrow \quad aa' \in Nk_b^*$$

ce qui démontre iii). La formule iv) résulte de i), ii), iii).

Remarque. — La formule iii) est un cas particulier de la formule

$$\text{v)} \qquad (aa', b) = (a, b)(a', b)$$

qui exprime la *bilinéarité* du symbole de Hilbert; cette formule sera démontrée au numéro suivant.

1.2. *Calcul de* (a, b).

THÉORÈME 1. — *Si* $k = \mathbf{R}$, *on a* $(a, b) = 1$ *si* a *ou* b *est* > 0 *et* $(a, b) = -1$ *si* a *et* b *sont* < 0.

Si $k = \mathbf{Q}_p$, *et si l'on écrit* a, b *sous la forme* $p^\alpha u$, $p^\beta v$ *où* u *et* v *appartiennent au groupe* $\mathbf{U}$ *des unités p-adiques, on a* :

$$(a, b) = (-1)^{\alpha\beta\varepsilon(p)} \left(\frac{u}{p}\right)^\beta \left(\frac{v}{p}\right)^\alpha \qquad si \quad p \neq 2$$

$$(a, b) = (-1)^{\varepsilon(u)\,\varepsilon(v) + \alpha\omega(v) + \beta\omega(u)} \qquad si \quad p = 2.$$

[On rappelle que $\left(\frac{u}{p}\right)$ désigne le *symbole de Legendre* $\left(\frac{\bar{u}}{p}\right)$, où $\bar{u}$ est l'image de u par l'homomorphisme de réduction modulo p : $\mathbf{U} \to \mathbf{F}_p^*$. Quant à $\varepsilon(u)$ et $\omega(u)$, ils désignent respectivement la classe modulo 2 de $\frac{u-1}{2}$ et de $\frac{u^2-1}{8}$, cf. chap. II, nº 3.3.]

THÉORÈME 2. — *Le symbole de Hilbert est une forme bilinéaire non dégénérée sur le* $\mathbf{F}_2$*-espace vectoriel* k^*/k^{*2}.

[La bilinéarité de (a, b) n'est autre que la formule v), mentionnée à la fin du nº 1.1; l'assertion « (a, b) est non dégénérée » signifie que, si $b \in k^*$ est tel que $(a, b) = 1$ pour tout $a \in k^*$, on a $b \in k^{*2}$.]

COROLLAIRE. — *Si* b *n'est pas un carré, le groupe* $\mathrm{N}k_b^*$ *défini dans la proposition 1 est un sous-groupe d'indice 2 de* k^*.

L'homomorphisme $\varphi_b : k^* \to \{\pm 1\}$ défini par

$$\varphi_b(a) = (a, b)$$

a pour noyau $\mathrm{N}k_b^*$, d'après la proposition 1; d'autre part, φ_b est surjectif, puisque (a, b) est non dégénérée. Ainsi, φ_b définit un isomorphisme de $k^*/\mathrm{N}k_b^*$ sur $\{\pm 1\}$; d'où le corollaire.

Remarque. — Plus généralement, soit L une extension finie de k qui est galoisienne, et dont le groupe de Galois G est *commutatif.* On peut montrer que k^*/NL^* *est isomorphe à* G, et que la connaissance du groupe NL^* *détermine* L; ce sont là deux des principaux résultats de la théorie dite « du corps de classes local ».

Démonstration des théorèmes 1 et 2.

Le cas où $k = \mathbf{R}$ est trivial; on notera que k^*/k^{*2} est alors un espace vectoriel de dimension 1 (sur le corps $\mathbf{F}_2$), admettant pour représentants $\{1, -1\}$.

Supposons maintenant que $k = \mathbf{Q}_p$.

LEMME. — *Soit* $v \in \mathbf{U}$ *une unité p-adique. Si l'équation* $z^2 - px^2 - vy^2 = 0$ *a une solution non triviale dans* $\mathbf{Q}_p$, *elle a une solution* (z, x, y) *telle que* $z, y \in \mathbf{U}$ *et* $x \in \mathbf{Z}_p$.

D'après la proposition 6 du chapitre II, n° 2.1, l'équation considérée a une solution *primitive* (z, x, y). Montrons que cette solution répond à la question. Sinon, on aurait soit $y \equiv 0 \pmod{p}$, soit $z \equiv 0 \pmod{p}$; puisque $z^2 - vy^2 \equiv 0 \pmod{p}$, et $v \not\equiv 0 \pmod{p}$, on aurait à la fois $y \equiv 0 \pmod{p}$ et $z \equiv 0 \pmod{p}$, d'où $px^2 \equiv 0 \pmod{p^2}$, i.e. $x \equiv 0 \pmod{p}$, contrairement au caractère primitif de (z, x, y).

Revenons maintenant à la démonstration du théorème 1, *en supposant d'abord* $p \neq 2$.

Il est clair que les exposants α et β n'interviennent que par leur résidu modulo 2; vu la symétrie du symbole, il y a trois cas à considérer :

1) $\alpha = 0$, $\beta = 0$. Il faut vérifier que $(u, v) = 1$. Or l'équation

$$z^2 - ux^2 - vy^2 = 0$$

a une solution non triviale modulo p (cf. chap. I, § 2, cor. 2 au th. 3); comme le discriminant de la forme quadratique considérée est une unité p-adique, cette solution se relève en une solution p-adique (chap. II, n° 2.2, cor. 2 au th. 1); on a donc bien $(u, v) = 1$.

2) $\alpha = 1$, $\beta = 0$. Il faut vérifier que $(pu, v) = (\frac{v}{p})$. Comme $(u, v) = 1$, on a $(pu, v) = (p, v)$ d'après la formule iii) de la proposition 2; il suffit donc de vérifier que $(p, v) = (\frac{v}{p})$. C'est clair si v est un carré, les deux termes étant égaux à 1. Sinon, on a $(\frac{v}{p}) = -1$, cf. chapitre II, n° 3.3, théorème 3; le lemme ci-dessus montre alors que $z^2 - px^2 - vy^2$ n'a pas de zéro non trivial, et l'on a bien $(p, v) = -1$.

3) $\alpha = 1$, $\beta = 1$. Il faut vérifier que :

$$(pu, pv) = (-1)^{(p-1)/2} (\frac{u}{p}) (\frac{v}{p}).$$

Or la formule iv) de la proposition 2 montre que :

$$(pu, pv) = (pu, -p^2 uv) = (pu, -uv).$$

D'après ce que l'on vient de voir, on a donc :

$$(pu, pv) = (\frac{-uv}{p})$$

d'où le résultat cherché, puisque $(\frac{-1}{p}) = (-1)^{(p-1)/2}$.

Une fois le théorème 1 établi (pour $p \neq 2$), on en déduit le théorème 2; en effet, la formule donnant (a, b) montre que c'est une forme bilinéaire; pour prouver que cette forme est non dégénérée, il suffit d'exhiber, pour tout $a \in k^*/k^{*2}$ distinct de l'élément neutre, un élément b tel que $(a, b) = -1$. D'après le corollaire au théorème 3 du chapitre II, n° 3.3, on peut prendre $a = p, u$ ou up, avec $u \in \mathbf{U}$ tel que $(\frac{u}{p}) = -1$; on choisit alors pour b respectivement u, p et u.

Le cas $p = 2$. Ici encore, α et β n'interviennent que par leur résidu modulo 2, et il y a trois cas à considérer :

1) $\alpha = 0$, $\beta = 0$. Il faut vérifier que $(u, v) = 1$ si u ou v est congru à 1 (mod 4) et $(u, v) = -1$ sinon. Supposons d'abord que $u \equiv 1 \pmod 4$. On a alors $u \equiv 1 \pmod 8$, ou $u \equiv 5 \pmod 8$. Dans le premier cas, u est un carré (cf. chap. II, n° 3.3, th. 4) et l'on a bien $(u, v) = 1$. Dans le second cas, on a $u + 4v \equiv 1 \pmod 8$ et il existe $w \in \mathbf{U}$ tel que $w^2 = u + 4v$; la forme $z^2 - ux^2 - vy^2$ a donc pour zéro $(w, 1, 2)$, et l'on a bien $(u, v) = 1$. Supposons maintenant que $u \equiv v \equiv -1 \pmod 4$; si (z, x, y) est une solution primitive de

$$z^2 - ux^2 - vy^2 = 0,$$

on a $z^2 + x^2 + y^2 \equiv 0 \pmod 4$; mais les carrés de $\mathbf{Z}/4\mathbf{Z}$ sont 0 et 1; cette congruence entraîne donc que x, y, z sont congrus à $0 \pmod 2$, contrairement à l'hypothèse de primitivité. On a donc bien $(u, v) = -1$ dans ce cas.

2) $\alpha = 1$, $\beta = 0$. Il faut vérifier que :

$$(2u, v) = (-1)^{\varepsilon(u)\,\varepsilon(v) + \omega(v)}.$$

Montrons d'abord que $(2, v) = (-1)^{\omega(v)}$, c'est-à-dire que $(2, v) = 1$ équivaut à $v \equiv \pm 1 \pmod 8$. D'après le lemme ci-dessus, si $(2, v) = 1$, il existe $x, y, z \in \mathbf{Z}_2$ tels que $z^2 - 2x^2 - vy^2 = 0$ et $y, z \not\equiv 0 \pmod 2$. On a alors $y^2 \equiv z^2 \equiv 1 \pmod 8$, d'où $1 - 2x^2 - v \equiv 0 \pmod 8$. Mais les seuls carrés modulo 8 sont 0, 1 et 4; on en tire bien que $v \equiv \pm 1 \pmod 8$. Inversement, si $v \equiv 1 \pmod 8$, v est un carré et $(2, v) = 1$; si $v \equiv -1 \pmod 8$, l'équation $z^2 - 2x^2 - vy^2 = 0$ admet $(1, 1, 1)$ pour solution modulo 8, et cette solution approchée se relève en une solution véritable (cf. chap. II, n° 2.2, cor. 3 au th. 1); on a donc bien $(2, v) = 1$.

Il faut ensuite montrer que $(2u, v) = (2, v)(u, v)$; d'après la proposition 2, c'est vrai si $(2, v) = 1$ ou $(u, v) = 1$. Il reste le cas $(2, v) = (u, v) = -1$, i.e. $v \equiv 3$

(mod 8) et $u \equiv 3$ ou -1 (mod 8); quitte à multiplier u et v par des carrés, on peut donc supposer que $u = -1$, $v = 3$ ou $u = 3$, $v = -5$; or les équations

$$z^2 + 2x^2 - 3y^2 = 0 \qquad \text{et} \qquad z^2 - 6x^2 + 5y^2 = 0$$

ont pour solution (1, 1, 1); on a donc bien $(u, v) = 1$.

3) $\alpha = 1$, $\beta = 1$. Il faut vérifier que :

$$(2u, 2v) = (-1)^{\varepsilon(u)\,\varepsilon(v) + \omega(u) + \omega(v)}.$$

Or la formule iv) de la proposition 2 montre que :

$$(2u, 2v) = (2u, -4uv) = (2u, -uv).$$

D'après ce que l'on vient de voir, on a donc :

$$(2u, 2v) = (-1)^{\varepsilon(u)\,\varepsilon(-uv) + \omega(-uv)}.$$

Comme $\varepsilon(-1) = 1$, $\omega(-1) = 0$ et $\varepsilon(u)(1 + \varepsilon(u)) = 0$, l'exposant ci-dessus est bien égal à $\varepsilon(u)\,\varepsilon(v) + \omega(u) + \omega(v)$, ce qui achève la démonstration du théorème 1. La bilinéarité de (a, b) résulte de la formule donnant ce symbole, puisque ε et ω sont des homomorphismes. La non-dégénérescence se vérifie sur les représentants multiplicatifs $\{u, 2u\}$, avec $u = 1, 5, -1$ ou -5; on a en effet :

$$(5, 2u) = -1 \quad \text{et} \quad (-1, -1) = (-1, -5) = -1.$$

Remarque. — On peut expliciter la matrice de la forme bilinéaire (a, b) par rapport à une *base* de k^*/k^{*2} :

— Pour $k = \mathbf{R}$, c'est la matrice (-1).

— Pour $k = \mathbf{Q}_p$, $p \neq 2$, avec la base $\{p, u\}$, où $\left(\frac{u}{p}\right) = -1$, c'est la matrice $\begin{pmatrix} 1 & -1 \\ -1 & 1 \end{pmatrix}$ si $p \equiv 1$ (mod 4), et $\begin{pmatrix} -1 & -1 \\ -1 & 1 \end{pmatrix}$ sinon.

— Pour $k = \mathbf{Q}_2$, avec la base $\{2, -1, 5\}$, c'est la matrice :

$$\begin{pmatrix} 1 & 1 & -1 \\ 1 & -1 & 1 \\ -1 & 1 & 1 \end{pmatrix}.$$

§ 2. Propriétés globales

Le corps $\mathbf{Q}$ des nombres rationnels se plonge comme sous-corps dense dans chacun des corps $\mathbf{Q}_p$ et $\mathbf{R}$. Si $a, b \in \mathbf{Q}^*$, on note $(a, b)_p$ (resp. $(a, b)_\infty$) le symbole de Hilbert de leurs images dans $\mathbf{Q}_p$ (resp. dans $\mathbf{R}$). On désigne par V la réunion de l'ensemble des nombres premiers et du symbole ∞, et l'on convient que $\mathbf{Q}_\infty = \mathbf{R}$.

2.1. *La formule du produit.*

Théorème 3 (Hilbert). — *Si* $a, b \in \mathbf{Q}^*$, *on a* $(a, b)_v = 1$ *pour presque tout* $v \in \mathrm{V}$, *et*

$$\prod_{v \in \mathrm{V}} (a, b)_v = 1.$$

(L'expression « presque tout $v \in \mathrm{V}$ » signifie « tous les éléments de V sauf un nombre fini ».)

Puisque les symboles de Hilbert sont bilinéaires, il suffit de démontrer le théorème lorsque a et b sont égaux à -1 ou à un nombre premier. Dans chaque cas, le théorème 1 permet le calcul des $(a, b)_v$:

1) $a = -1$, $b = -1$. On a

$$(-1, -1)_\infty = (-1, -1)_2 = -1 \quad \text{et} \quad (-1, -1)_p = 1$$

si $p \neq 2, \infty$; le produit est bien égal à 1.

2) $a = -1$, $b = \ell$, avec ℓ premier. Si $\ell = 2$, on a

$$(-1, 2)_v = 1 \quad \text{pour tout} \quad v \in \mathrm{V} \;;$$

si $\ell \neq 2$, on a

$$(-1, \ell)_v = 1 \quad \text{si} \quad v \neq 2, \ell$$

et

$$(-1, \ell)_2 = (-1, \ell)_\ell = (-1)^{\varepsilon(\ell)} \;;$$

le produit est bien égal à 1.

3) $a = \ell$, $b = \ell'$, avec ℓ, ℓ' premiers. Si $\ell = \ell'$, la formule iv) de la proposition 2 montre que

$$(\ell, \ell)_v = (-1, \ell)_v$$

pour tout $v \in \mathrm{V}$, et l'on est ramené au cas traité ci-dessus. Si $\ell \neq \ell'$ et si $\ell' = 2$, on a $(\ell, 2)_v = 1$ pour $v \neq 2, \ell$ et $(\ell, 2)_2 = (-1)^{\omega(\ell)}$, $(\ell, 2)_\ell = (\frac{2}{\ell}) = (-1)^{\omega(\ell)}$, cf. chapitre I, nº 3.2, théorème 5. Si ℓ et ℓ' sont distincts, et différents de 2, on a $(\ell, \ell')_v = 1$ pour $v \neq 2, \ell, \ell'$ et $(\ell, \ell')_2 = (-1)^{\varepsilon(\ell)\,\varepsilon(\ell')}$, $(\ell, \ell')_\ell = (\frac{\ell'}{\ell})$, $(\ell, \ell')_{\ell'} = (\frac{\ell}{\ell'})$; mais, d'après la loi de réciprocité quadratique (cf. chap. I, nº 3.3, th. 6), on a

$$\left(\frac{\ell'}{\ell}\right)\left(\frac{\ell}{\ell'}\right) = (-1)^{\varepsilon(\ell)\,\varepsilon(\ell')};$$

le produit est bien égal à 1. Ceci achève la démonstration.

Remarque. — La formule du produit est essentiellement équivalente à la loi de réciprocité quadratique. Son intérêt provient en grande partie de ce qu'elle peut s'étendre à *tous les corps de nombres algébriques* (l'ensemble V étant remplacé par l'ensemble des « places » du corps).

2.2. *Existence de nombres rationnels de symboles de Hilbert donnés.*

THÉORÈME 4. — *Soit $(a_i)_{i \in \mathrm{I}}$ une famille finie d'éléments de $\mathbf{Q}^*$ et soit $(\varepsilon_{i,v})_{i \in \mathrm{I},\, v \in \mathrm{V}}$ une famille de nombres égaux à ± 1. Pour qu'il existe $x \in \mathbf{Q}^*$ tel que $(a_i, x)_v = \varepsilon_{i,v}$ pour tout $i \in \mathrm{I}$ et tout $v \in \mathrm{V}$, il faut et il suffit que les trois conditions suivantes soient satisfaites :*

(1) *Presque tous les $\varepsilon_{i,v}$ sont égaux à 1.*

(2) *Pour tout $i \in \mathrm{I}$, on a $\prod_{v \in \mathrm{V}} \varepsilon_{i,v} = 1$.*

(3) *Pour tout* $v \in \mathrm{V}$, *il existe* $x_v \in \mathbf{Q}_v^*$ *tel que*

$$(a_i, x_v)_v = \varepsilon_{i,v}$$

pour tout $i \in \mathrm{I}$.

La nécessité de (1) et (2) résulte du théorème 3; celle de (3) est triviale (prendre $x_v = x$).

Pour démontrer la suffisance de ces conditions, nous aurons besoin des trois lemmes que voici :

LEMME 1 (« lemme chinois »). — *Soient* $a_1, \ldots, a_n$, $m_1, \ldots, m_n$ *des entiers, les* m_i *étant premiers entre eux deux à deux. Il existe un entier a tel que* $a \equiv a_i \pmod{m_i}$ *pour tout i.*

Soit m le produit des m_i. Le théorème de Bezout montre que l'homomorphisme canonique

$$\mathbf{Z}/m\mathbf{Z} \to \prod_{i=1}^{i=n} \mathbf{Z}/m_i\mathbf{Z}$$

est un isomorphisme. Le lemme en résulte.

LEMME 2 (« théorème d'approximation »). — *Soit* S *une partie finie de* V. *L'image de* $\mathbf{Q}$ *dans* $\prod_{v \in \mathrm{S}} \mathbf{Q}_v$ *est dense dans ce produit* (pour la topologie produit de celles des $\mathbf{Q}_v$).

Quitte à agrandir S, on peut supposer que

$$\mathrm{S} = \{\infty, p_1, \ldots, p_n\}$$

où les p_i sont des nombres premiers distincts, et il s'agit de démontrer que $\mathbf{Q}$ est dense dans $\mathbf{R} \times \mathbf{Q}_{p_1} \times \ldots \times \mathbf{Q}_{p_n}$. Soit donc $(x_\infty, x_1, \ldots, x_n)$ un point de ce produit, et montrons que ce point est adhérent à $\mathbf{Q}$; quitte à faire une homothétie de rapport entier, on peut supposer que l'on a $x_i \in \mathbf{Z}_{p_i}$ pour $1 \leqslant i \leqslant n$; il s'agit alors de montrer que, pour tout $\varepsilon > 0$, et tout entier $\mathrm{N} \geqslant 0$, il existe $x \in \mathbf{Q}$ tel que :

$$|x - x_\infty| \leqslant \varepsilon \quad \text{et} \quad v_{p_i}(x - x_i) \geqslant \mathrm{N} \quad \text{pour } i = 1, \ldots, n.$$

D'après le lemme 1, appliqué aux $m_i = p_i^N$, il existe $x_0 \in \mathbf{Z}$ tel que $v_{p_i}(x_0 - x_i) \geqslant N$ pour tout i. Choisissons d'autre part un entier $q \geqslant 2$ qui soit premier à tous les p_i (par exemple un nombre premier). Il est facile de voir que les nombres rationnels de la forme a/q^m, $a \in \mathbf{Z}$, $m \geqslant 0$, sont *denses* dans $\mathbf{R}$ (cela provient simplement de ce que $q^m \to \infty$ quand $m \to \infty$). On peut donc choisir un tel nombre $u = a/q^m$ tel que :

$$|x_0 - x_\infty + up_1^N \dots p_n^N| \leqslant \varepsilon.$$

Le nombre rationnel $x = x_0 + up_1^N \dots p_n^N$ répond alors à la question.

Lemme 3 (« théorème de Dirichlet »). — *Si a et m sont des entiers $\geqslant 1$ premiers entre eux, il existe une infinité de nombres premiers p tels que* $p \equiv a \pmod m$.

La démonstration sera donnée au chapitre VI; le lecteur pourra vérifier qu'elle n'utilise aucun des résultats des chapitres III, IV et V.

Revenons maintenant au théorème 4, et soit $(\varepsilon_{i,v})$ une famille de nombres égaux à ± 1, et satisfaisant aux conditions (1), (2) et (3). Quitte à multiplier les a_i par le carré d'un entier, on peut supposer que tous les a_i sont *entiers*. Soit S le sous-ensemble de V formé de ∞, 2, et des facteurs premiers des a_i; soit T l'ensemble des éléments $v \in V$ tels qu'il existe $i \in I$ avec $\varepsilon_{i,v} = -1$; ces deux ensembles sont finis. Distinguons deux cas :

1) *On a* $S \cap T = \varnothing$.

Posons :

$$a = \prod_{\substack{\ell \in T \\ \ell \neq \infty}} \ell \quad \text{et} \quad m = 8 \prod_{\substack{\ell \in S \\ \ell \neq 2, \infty}} \ell.$$

Puisque $S \cap T = \varnothing$, les entiers a et m sont premiers entre eux, et, d'après le lemme 3, il existe un nombre premier $p \equiv a \pmod m$ tel que $p \notin S \cup T$.

Nous allons voir que le nombre $x = ap$ répond à la question, autrement dit que $(a_i, x)_v = \varepsilon_{i,v}$ pour tout $i \in I$ et tout $v \in V$.

Si $v \in S$, on a $\varepsilon_{i,v} = 1$ puisque $S \cap T = \varnothing$, et il faut donc vérifier que $(a_i, x)_v = 1$. Si $v = \infty$, cela provient de ce que x est > 0 ; si v est un nombre premier ℓ, on a $x \equiv a^2 \pmod m$, d'où $x \equiv a^2 \pmod 8$ pour $\ell = 2$, et $x \equiv a^2 \pmod \ell$ pour $\ell \neq 2$; comme x et a sont des unités ℓ-adiques, cela montre que x est un carré dans $\mathbf{Q}_\ell^*$ (cf. chap. II, n° 3.3), et l'on a bien $(a_i, x)_v = 1$.

Si $v = \ell$ n'appartient pas à S, a_i est une unité ℓ-adique. Comme $\ell \neq 2$, on a

$$(a_i, b)_\ell = \left(\frac{a_i}{\ell}\right)^{v_\ell(b)} \quad \text{pour tout} \quad b \in \mathbf{Q}_\ell^*,$$

cf. théorème 1. Si $\ell \notin T \cup \{p\}$, x est une unité ℓ-adique, d'où $v_\ell(x) = 0$, et la formule ci-dessus montre que $(a_i, x)_\ell = 1$; d'autre part, on a $\varepsilon_{i,\ell} = 1$, puisque $\ell \notin T$. Si $\ell \in T$, on a $v_\ell(x) = 1$; d'autre part, la condition (3) montre qu'il existe $x_\ell \in \mathbf{Q}_\ell^*$ tel que $(a_i, x_\ell)_\ell = \varepsilon_{i,\ell}$ pour tout $i \in I$; comme l'un des $\varepsilon_{i,\ell}$ est égal à -1 (puisque ℓ appartient à T), on a $v_\ell(x_\ell) \equiv 1 \pmod 2$, d'où :

$$(a_i, x)_\ell = \left(\frac{a_i}{\ell}\right) = (a_i, x_\ell)_\ell = \varepsilon_{i,\ell} \quad \text{pour tout} \quad i \in I.$$

Reste enfin le cas $\ell = p$, que l'on ramène aux autres grâce à la formule du produit :

$$(a_i, x)_p = \prod_{v \neq p} (a_i, x)_v = \prod_{v \neq p} \varepsilon_{i,v} = \varepsilon_{i,p}.$$

Cela achève la démonstration du théorème 4 dans le cas $S \cap T = \varnothing$.

2) *Cas général.*

On sait que les carrés de $\mathbf{Q}_v^*$ forment un sous-groupe ouvert de $\mathbf{Q}_v^*$, cf. chapitre II, n° 3.3. D'après le lemme 2, il existe donc $x' \in \mathbf{Q}^*$ tel que x'/x_v soit un carré dans $\mathbf{Q}_v^*$ pour tout $v \in \mathrm{S}$. On a en particulier

$$(a_i, x')_v = (a_i, x_v)_v = \varepsilon_{i,v} \qquad \text{pour tout} \quad v \in \mathrm{S}.$$

Si l'on pose $\eta_{i,v} = \varepsilon_{i,v}(a_i, x')_v$, la famille $\eta_{i,v}$ vérifie les conditions (1), (2), (3), et de plus $\eta_{i,v} = 1$ si $v \in \mathrm{S}$. D'après 1) ci-dessus, il existe donc $y \in \mathbf{Q}^*$ tel que

$$(a_i, y)_v = \eta_{i,v}$$

pour tout $i \in \mathrm{I}$ et tout $v \in \mathrm{V}$. Si l'on pose $x = yx'$, il est clair que x répond à la question.

CHAPITRE IV

FORMES QUADRATIQUES SUR $\mathbf{Q}_p$ ET SUR $\mathbf{Q}$

§ 1. Formes quadratiques

1.1. *Définitions.*

Rappelons d'abord la notion générale de *forme quadratique* (cf. Bourbaki, *Alg.*, chap. IX, § 3, nº 4) :

DÉFINITION 1. — *Soit* V *un module sur un anneau commutatif* A. *Une application* $Q : V \to A$ *est appelée une forme quadratique sur* V *si* :

1) *On a* $Q(ax) = a^2 Q(x)$ *pour* $a \in A$ *et* $x \in V$.

2) *L'application* $(x, y) \mapsto Q(x+y) - Q(x) - Q(y)$ *est une forme bilinéaire.*

Un tel couple (V, Q) est appelé un *module quadratique*.

Dans tout ce chapitre, nous nous limiterons au cas où l'anneau A est *un corps k de caractéristique* $\neq 2$; le A-module V est alors un k-espace vectoriel; nous le supposerons *de dimension finie*.

On posera :

$$x.y = \frac{1}{2}[Q(x+y) - Q(x) - Q(y)],$$

ce qui a un sens puisque la caractéristique de k est différente de 2. L'application $(x, y) \mapsto x.y$ est une *forme bilinéaire symétrique* sur V; on l'appelle le *produit scalaire* associé à Q.

On a $Q(x) = x.x$. Cela établit une correspondance bijective entre *formes quadratiques* et *formes bilinéaires symétriques* (il n'en serait plus de même en caractéristique 2).

Si (V, Q) et (V', Q') sont deux modules quadratiques, on appelle *morphisme* (ou *morphisme métrique*) de (V, Q) dans (V', Q') toute application linéaire $f : V \rightarrow V'$ telle que $Q' \circ f = Q$; on a alors $f(x).f(y) = x.y$ pour $x, y \in V$.

Matrice d'une forme quadratique. — Soit $(e_i)_{1 \leqslant i \leqslant n}$ une base de V. On appelle matrice de Q par rapport à cette base la matrice $A = (a_{ij})$, où $a_{ij} = e_i . e_j$; c'est une matrice symétrique. Si $x = \sum x_i e_i$ est un élément de V, on a

$$Q(x) = \sum_{i,j} a_{ij} x_i x_j ,$$

ce qui montre que $Q(x)$ est une « forme quadratique » en $x_1, \ldots, x_n$ au sens usuel.

Si l'on modifie la base (e_i) au moyen d'une matrice inversible X, la matrice A' de Q par rapport à la nouvelle base est $X.A.{}^tX$ où ${}^tX$ désigne la transposée de X. On a en particulier

$$\det(A') = \det(A).\det(X)^2$$

ce qui montre que $\det(A)$ est *déterminé à la multiplication près par un élément de* k^{*2}; on l'appelle le *discriminant de* Q, et on le note $\operatorname{disc}(Q)$.

1.2. *Orthogonalité*.

Soit (V, Q) un module quadratique sur k. Deux éléments x, y de V sont dits *orthogonaux* si $x.y = 0$. L'ensemble des éléments orthogonaux à une partie H de V est noté H^0; c'est un sous-espace vectoriel de V. Si V_1 et V_2 sont deux sous-espaces vectoriels de V, on dit que V_1 et V_2 sont *orthogonaux* si $V_1 \subset V_2^0$, i.e. si $x \in V_1$, $y \in V_2$ entraîne $x.y = 0$.

L'orthogonal V^0 de V tout entier est appelé le *radical*

(ou le *noyau*) de V, et noté rad (V). Sa codimension s'appelle le *rang* de Q. Si $V^0 = 0$, on dit que Q est *non dégénérée*; cela équivaut à dire que le discriminant de Q est $\neq 0$ (auquel cas on peut le considérer comme un élément du groupe k^*/k^{*2}).

Soit U un sous-espace vectoriel de V, et soit U^* le dual de U. Soit $q_U : V \to U^*$ l'application qui associe à tout $x \in V$ la forme linéaire $(y \in U \mapsto x.y)$. Le noyau de q_U est U^0. En particulier, on voit que Q est non dégénérée si et seulement si $q_V : V \to V^*$ est un *isomorphisme*.

DÉFINITION 2. — *Soient* $U_1, \ldots, U_m$ *des sous-espaces vectoriels de* V. *On dit que* V *est somme directe orthogonale des* U_i *si ceux-ci sont deux à deux orthogonaux et si* V *en est la somme directe. On écrit alors :*

$$V = U_1 \hat{\oplus} \ldots \hat{\oplus} U_m.$$

Remarque. — Si $x \in V$ a pour composante x_i dans U_i, on a

$$Q(x) = Q_1(x_1) + \ldots + Q_m(x_m)$$

où $Q_i = Q \mid U_i$ désigne la restriction de Q à U_i. Inversement, si (U_i, Q_i) est une famille de modules quadratiques, la formule ci-dessus munit $V = \oplus U_i$ d'une forme quadratique Q, dite *somme directe* des Q_i, et l'on a $V = U_1 \hat{\oplus} \ldots \hat{\oplus} U_m$.

PROPOSITION 1. — *Si* U *est un supplémentaire de* rad (V) *dans* V, *on a* $V = U \hat{\oplus} \operatorname{rad}(V)$.

C'est clair.

PROPOSITION 2. — *Supposons* (V, Q) *non dégénéré. Alors :*

i) *Tout morphisme métrique de* V *dans un module quadratique* (V′, Q′) *est injectif.*

ii) *Pour tout sous-espace vectoriel* U *de* V, *on a :*

$$U^{00} = U, \quad \dim U + \dim U^0 = V$$
$$\operatorname{rad}(U) = \operatorname{rad}(U^0) = U \cap U^0.$$

Pour que U *soit non dégénéré, il faut et il suffit que* U^0 *le soit, auquel cas* $V = U \hat{\oplus} U^0$.

iii) *Si* V *est somme directe orthogonale de deux sous-espaces, ceux-ci sont non dégénérés, et chacun d'eux est l'orthogonal de l'autre.*

Si $f : V \to V'$ est un morphisme métrique, et si $f(x) = 0$, on a $x.y = f(x).f(y) = 0$ pour tout $y \in V$; d'où $x = 0$ puisque (V, Q) est non dégénéré.

Si U est un sous-espace vectoriel de V, l'homomorphisme $q_U : V \to U^*$ défini plus haut est *surjectif*; en effet, il s'obtient en composant $q_V : V \to V^*$ avec la surjection canonique $V^* \to U^*$, et l'on a supposé que q_V est bijectif. On a donc une suite exacte :

$$0 \to U^0 \to V \to U^* \to 0$$

d'où $\dim V = \dim U^* + \dim U^0 = \dim U + \dim U^0$.

Ceci montre que U et U^{00} ont même dimension; comme U est contenu dans U^{00}, on a $U = U^{00}$; la formule $\operatorname{rad}(U) = U \cap U^0$ est évidente; en l'appliquant à U^0, et en tenant compte de ce que $U^{00} = U$, on en déduit que $\operatorname{rad}(U^0) = \operatorname{rad}(U)$, d'où en même temps la dernière assertion de ii). Enfin, iii) est triviale.

1.3. *Vecteurs isotropes.*

Définition 3. — *Un élément* x *d'un module quadratique* (V, Q) *est dit isotrope si l'on a* $Q(x) = 0$. *Un sous-espace* U *de* V *est dit isotrope si tous ses éléments sont isotropes.*

On a évidemment :

$$U \text{ isotrope } \Leftrightarrow U \subset U^0 \Leftrightarrow Q \mid U = 0.$$

Définition 4. — *On appelle plan hyperbolique tout module quadratique ayant une base formée de deux éléments isotropes* x, y *tels que* $x.y \neq 0$.

Quitte à multiplier y par $1/x.y$, on peut supposer que $x.y = 1$. La matrice de la forme quadratique par rapport à x, y est alors simplement $\begin{pmatrix} 0 & 1 \\ 1 & 0 \end{pmatrix}$; son discriminant est — 1 (en particulier, elle est non dégénérée).

PROPOSITION 3. — *Soit x un élément isotrope $\neq 0$ d'un module quadratique non dégénéré* (V, Q). *Il existe alors un sous-espace* U *de* V *qui contient x et qui est un plan hyperbolique.*

Puisque V est non dégénéré, il existe $z \in V$ tel que $x.z = 1$. L'élément $y = 2z - (z.z)\,x$ est isotrope et $x.y = 2$. Le sous-espace $U = kx + ky$ répond à la question.

COROLLAIRE. — *Si* (V, Q) *est non dégénéré et contient un élément isotrope non nul, on a* $Q(V) = k$.

(Autrement dit, pour tout $a \in k$, il existe $v \in V$ tel que $Q(v) = a$.)

Vu la proposition, il suffit de faire la démonstration lorsque V est un plan hyperbolique, de base x, y avec x, y isotropes et $x.y = 1$. Si $a \in k$, on a alors $a = Q(x + \frac{a}{2}y)$, d'où $Q(V) = k$.

1.4. *Bases orthogonales.*

DÉFINITION 5. — *Une base* $(e_1, \ldots, e_n)$ *d'un module quadratique* (V, Q) *est dite orthogonale si elle est formée d'éléments deux à deux orthogonaux, i.e. si* $V = ke_1 \hat{\oplus} \ldots \hat{\oplus}\, ke_n$.

Il revient au même de dire que la matrice de Q par rapport à cette base est une matrice *diagonale* :

$$\begin{pmatrix} a_1 & 0 & \ldots & 0 \\ 0 & a_2 & \ldots & 0 \\ . & . & . & . \\ 0 & 0 & & a_n \end{pmatrix}$$

Si $x = \sum x_i e_i$, on a alors $Q(x) = a_1 x_1^2 + \ldots + a_n x_n^2$.

THÉORÈME 1. — *Tout module quadratique* (V, Q) *possède une base orthogonale.*

Cela se démontre par récurrence sur $n = \dim V$, le cas $n = 0$ étant trivial. Si V est isotrope, toute base de V est orthogonale. Sinon, on choisit un élément $e_1 \in V$ tel que $e_1 . e_1 \neq 0$. L'orthogonal H de e_1 est un hyperplan, et comme e_1 n'appartient pas à H, on a $V = ke_1 \hat{\oplus} H$; vu l'hypothèse de récurrence, H possède une base orthogonale $(e_2, \ldots, e_n)$; il est clair que $(e_1, e_2, \ldots, e_n)$ répond à la question.

DÉFINITION 6. — *Deux bases orthogonales*

$$\mathbf{e} = (e_1, \ldots, e_n) \quad \textit{et} \quad \mathbf{e}' = (e'_1, \ldots, e'_n)$$

de V *sont dites contiguës si elles ont un élément en commun* (i.e. s'il existe i et j tels que $e_i = e'_j$).

THÉORÈME 2. — *Supposons* V *non dégénéré de dimension* $\geqslant 3$, *et soient* $\mathbf{e} = (e_1, \ldots, e_n)$, $\mathbf{e}' = (e'_1, \ldots, e'_n)$ *deux bases orthogonales de* V. *Il existe une suite finie* $\mathbf{e}^{(0)}, \mathbf{e}^{(1)}, \ldots, \mathbf{e}^{(m)}$ *de bases orthogonales de* V *telle que* $\mathbf{e}^{(0)} = \mathbf{e}$, $\mathbf{e}^{(m)} = \mathbf{e}'$, *et que* $\mathbf{e}^{(i)}$ *soit contiguë à* $\mathbf{e}^{(i+1)}$ *pour* $0 \leqslant i < m$.

(On dit que $\mathbf{e}^{(0)}, \ldots, \mathbf{e}^{(m)}$ est une *chaîne* de bases orthogonales contiguës reliant $\mathbf{e}$ à $\mathbf{e}'$.)

Nous distinguerons trois cas :

i) *On a* $(e_1 . e_1)(e'_1 . e'_1) - (e_1 . e'_1)^2 \neq 0$.

Cela revient à dire que e_1 et e'_1 ne sont pas proportionnels et que le *plan* $P = ke_1 + ke'_1$ *est non dégénéré*. Il existe alors $\varepsilon_2, \varepsilon'_2 \in P$ tels que

$$P = ke_1 \hat{\oplus} k\varepsilon_2 \quad \text{et} \quad P = ke'_1 \hat{\oplus} k\varepsilon'_2.$$

Soit H l'orthogonal de P; comme P est non dégénéré, on a $V = H \hat{\oplus} P$, cf. proposition 2. Soit $(e''_3, \ldots, e''_n)$ une base orthogonale de H. On peut alors relier $\mathbf{e}$ à $\mathbf{e}'$ au moyen de la chaîne :

$$\mathbf{e} \rightarrow (e_1, \varepsilon_2, e''_3, \ldots, e''_n) \rightarrow (e'_1, \varepsilon'_2, e''_3, \ldots, e''_n) \rightarrow \mathbf{e}'$$

d'où le théorème dans ce cas.

ii) *On a* $(e_1.e_1)(e'_2.e'_2) - (e_1.e'_2)^2 \neq 0$.

On raisonne de la même manière, en remplaçant e'_1 par e'_2.

iii) *On a* $(e_1.e_1)(e'_i.e'_i) - (e_1.e'_i)^2 = 0$ *pour* $i = 1, 2$.

On démontre d'abord :

LEMME. — *Il existe* $x \in k$ *tel que* $e_x = e'_1 + xe'_2$ *soit non isotrope, et engendre avec* e_1 *un plan non dégénéré.*

On a $e_x.e_x = e'_1.e'_1 + x^2(e'_2.e'_2)$; on doit donc prendre x^2 distinct de $-(e'_1.e'_1)/(e'_2.e'_2)$. D'autre part, pour que e_x engendre avec e_1 un plan non dégénéré, il faut et il suffit que

$$(e_1.e_1)(e_x.e_x) - (e_1.e_x)^2 \neq 0.$$

Si l'on explicite en tenant compte de l'hypothèse iii), on trouve que le premier membre est $-2x(e_1.e'_1)(e_1.e'_2)$. Or l'hypothèse iii) entraîne $e_1.e'_i \neq 0$ pour $i = 1, 2$. On voit donc que e_x vérifie les conditions du lemme si et seulement si l'on a à la fois $x \neq 0$ et $x^2 \neq -(e'_1.e'_1)/(e'_2.e'_2)$. Cela élimine au plus trois valeurs de x; si k a au moins 4 éléments, on peut donc trouver un tel x. Reste le cas où $k = \mathbf{F}_3$ (le cas $k = \mathbf{F}_2$ est exclu puisque caract $(k) \neq 2$). Mais, dans ce cas, tout carré non nul est égal à 1, et l'hypothèse iii) s'écrit $(e_1.e_1)(e'_i.e'_i) = 1$ pour $i = 1, 2$; le rapport $(e'_1.e'_1)/(e'_2.e'_2)$ est donc égal à 1, et, pour réaliser la condition $x^2 \neq 0, -1$, il suffit de prendre $x = 1$.

Ceci étant, choisissons $e_x = e'_1 + xe'_2$ vérifiant les conditions du lemme. Comme e_x n'est pas isotrope, il existe e''_2 tel que (e_x, e''_2) soit une base orthogonale de $ke'_1 \widehat{\oplus} ke'_2$. Posons :

$$\boldsymbol{e}'' = (e_x, e''_2, e'_3, \ldots, e'_n)$$

c'est une base orthogonale de V. Comme $ke_1 + ke_x$ est un plan non dégénéré, la partie i) de la démonstration montre que l'on peut relier $\boldsymbol{e}$ à $\boldsymbol{e}''$ par une chaîne de bases contiguës; d'autre part $\boldsymbol{e}'$ et $\boldsymbol{e}''$ sont contiguës; d'où le théorème.

1.5. *Théorème de Witt.*

Soient (V, Q) et (V′, Q′) deux modules quadratiques *non dégénérés*; soit U un sous-espace vectoriel de V, et soit

$$s : U \to V'$$

un morphisme métrique *injectif* de U dans V′. On cherche à prolonger s à un sous-espace plus grand que U, et si possible à V tout entier. On commence par le cas où U est dégénéré :

LEMME. — *Si* U *est dégénéré, on peut prolonger s en un morphisme métrique injectif* $s_1 : U_1 \to V'$, *où* U_1 *contient* U *comme hyperplan.*

Soit x un élément non nul de rad (U). Comme x est isotrope, la proposition 3 montre qu'il existe un plan hyperbolique de V qui le contient; on peut donc trouver $y \in V$ tel que $x.y = 1$ et $y.y = 0$. Puisque y n'est pas orthogonal à x, on a $y \notin U$ et le sous-espace $U_1 = U \oplus ky$ contient U comme hyperplan. On construit de même un élément $y' \in V'$ tel que $s(x).y' = 1$ et $y'.y' = 0$. Soit $s_1 : U_1 \to V'$ l'application linéaire qui coïncide avec s sur U et applique y sur y'. Il est immédiat que s_1 répond à la question.

THÉORÈME 3 (Witt). — *Si* (V, Q) *et* (V′, Q′) *sont isomorphes, et non dégénérés, tout morphisme métrique injectif*

$$s : U \to V'$$

d'un sous-espace vectoriel U *de* V *peut être prolongé en un isomorphisme de* V *sur* V′.

Puisque V et V′ sont isomorphes, on peut supposer que $V = V'$. D'autre part, en appliquant le lemme ci-dessus, on voit que l'on peut se borner au cas où U est *non dégénéré*. On raisonne alors par récurrence sur dim U.

Si $\dim U = 1$, U est engendré par un élément x non

isotrope; si $y = s(x)$, on a $y.y = x.x$. On peut choisir $\varepsilon = \pm 1$ tel que $x + \varepsilon y$ ne soit pas isotrope; sinon, en effet, on aurait

$$2x.x + 2x.y = 2x.x - 2x.y = 0$$

ce qui entraînerait $x.x = 0$. Choisissons un tel ε, et soit H l'hyperplan orthogonal à $z = x + \varepsilon y$; on a $V = kz \hat{\oplus} H$. Soit σ la « symétrie par rapport à H », i.e. l'automorphisme de V qui est l'identité sur H et qui change z en $-z$. Comme $x - \varepsilon y$ appartient à H, on a :

$$\sigma(x - \varepsilon y) = x - \varepsilon y \quad \text{et} \quad \sigma(x + \varepsilon y) = -x - \varepsilon y$$

d'où $\sigma(x) = -\varepsilon y$. L'automorphisme $-\varepsilon\sigma$ prolonge donc s.

Si dim $U > 1$, on décompose U sous la forme $U_1 \hat{\oplus} U_2$, avec $U_1, U_2 \neq 0$. D'après l'hypothèse de récurrence, la restriction s_1 de s à U_1 se prolonge en un automorphisme σ_1 de V; quitte à remplacer s par $\sigma_1^{-1} \circ s$, on peut donc supposer que s est l'identité sur U_1. Le morphisme s applique alors U_2 dans l'orthogonal V_1 de U_1; d'après l'hypothèse de récurrence, la restriction de s à U_2 se prolonge donc en un automorphisme σ_2 de V_1; l'automorphisme σ de V qui est l'identité sur U_1 et σ_2 sur V_1 répond alors à la question.

COROLLAIRE. — *Deux sous-espaces isomorphes d'un module quadratique non dégénéré ont des orthogonaux isomorphes.*

On prolonge un isomorphisme entre les deux sous-espaces en un automorphisme du module, et l'on restreint ce dernier aux orthogonaux.

1.6. *Traductions.*

Soit

$$f(X) = \sum_{i=1}^{n} a_{ii} X_i^2 + 2 \sum_{i<j} a_{ij} X_i X_j$$

une forme quadratique à n variables sur k; on pose $a_{ij} = a_{ji}$ si $i > j$, de sorte que la matrice $A = (a_{ij})$ est symétrique. Le couple (k^n, f) est un module quadratique, dit *associé à* f (ou à la matrice A).

DÉFINITION 7. — *Deux formes quadratiques f et f' sont dites équivalentes si les modules correspondants sont isomorphes.*

On écrit alors $f \sim f'$. Si A et A' sont les matrices de f et f', cela revient à dire qu'il existe une matrice inversible X telle que $A' = X.A.{}^tX$, cf. nº 1.1.

Soient $f(X_1, \ldots, X_n)$ et $g(X_1, \ldots, X_m)$ deux formes quadratiques; on note $f \dotplus g$ (ou simplement $f + g$ si aucune confusion n'est possible) la forme quadratique

$$f(X_1, \ldots, X_n) + g(X_{n+1}, \ldots, X_{n+m})$$

en $n + m$ variables. Cette opération correspond à celle de *somme orthogonale* (cf. déf. 2, nº 1.2). On écrit de même $f \dot{-} g$ (ou simplement $f - g$) pour $f \dotplus (-g)$.

Voici quelques exemples de traductions :

DÉFINITION 4'. — *Une forme $f(X_1, X_2)$ à deux variables est dite hyperbolique si l'on a :*

$$f \sim X_1 X_2 \sim X_1^2 - X_2^2.$$

(Cela signifie que le module (k^2, f) correspondant est un *plan hyperbolique*, cf. déf. 4.)

On dit qu'une forme $f(X_1, \ldots, X_n)$ *représente* un élément a de k s'il existe $x \in k^n$, $x \neq 0$, tel que $f(x) = a$. En particulier, f représente 0 si et seulement si le module quadratique correspondant contient un élément isotrope non nul.

PROPOSITION 3'. — *Si f représente 0, et est non dégénérée, on a $f \sim f_2 \dotplus g$, où f_2 est hyperbolique. De plus, f représente tout élément de k.*

C'est la traduction de la proposition 3 et de son corollaire.

Corollaire 1. — *Soit* $g = g(\mathrm{X}_1, \ldots, \mathrm{X}_{n-1})$ *une forme quadratique non dégénérée, et soit* $a \in k^*$. *Les propriétés suivantes sont équivalentes :*

i) g *représente* a.

ii) *On a* $g \sim h \dotplus a\mathrm{Z}^2$, *où* h *est une forme en* $n - 2$ *variables.*

iii) *La forme* $f = g \dot{-} a\mathrm{Z}^2$ *représente* 0.

Il est clair que ii) $\Rightarrow$ i). Inversement, si g représente a, le module quadratique V correspondant à g contient un élément x tel que $x.x = a$; si H désigne l'orthogonal de x, on a $\mathrm{V} = \mathrm{H} \mathbin{\widehat{\oplus}} kx$ d'où $g \sim h + a\mathrm{Z}^2$ où h désigne la forme quadratique attachée à une base de H.

L'implication ii) $\Rightarrow$ iii) est immédiate. Enfin, si la forme $f = g \dot{-} a\mathrm{Z}^2$ a un zéro non trivial $(x_1, \ldots, x_{n-1}, z)$, on a, soit $z = 0$, auquel cas g représente 0, donc aussi a, soit $z \neq 0$, auquel cas $g(x_1/z, \ldots, x_{n-1}/z) = a$. D'où iii) $\Rightarrow$ i).

Corollaire 2. — *Soient* g *et* h *deux formes non dégénérées de rang* $\geqslant 1$, *et soit* $f = g \dot{-} h$. *Les propriétés suivantes sont équivalentes :*

a) f *représente* 0.

b) *Il existe* $a \in k^*$ *qui est représenté par* g *et par* h.

c) *Il existe* $a \in k^*$ *tel que* $g \dot{-} a\mathrm{Z}^2$ *et* $h \dot{-} a\mathrm{Z}^2$ *représentent* 0.

L'équivalence b) $\Leftrightarrow$ c) résulte du corollaire 1. L'implication b) $\Rightarrow$ a) est triviale. Montrons que a) $\Rightarrow$ b). Un zéro non trivial de f peut s'écrire sous la forme (x, y), avec $g(x) = h(y)$. Si l'élément $a = g(x) = h(y)$ est $\neq 0$, il est clair que b) est vérifiée. Si $a = 0$, l'une des formes, g par exemple, représente 0, donc tout élément de k, et en particulier, toute valeur non nulle prise par h.

Le théorème 1 se traduit en la classique décomposition des formes quadratiques en « sommes de carrés » :

Théorème 1'. — *Soit* f *une forme quadratique en* n *variables. Il existe* $a_1, \ldots, a_n \in k$ *tels que* $f \sim a_1\mathrm{X}_1^2 + \ldots + a_n\mathrm{X}_n^2$.

Le *rang* de f est le nombre des indices i tels que $a_i \neq 0$. Il est égal à n si et seulement si le *discriminant* $a_1 \ldots a_n$ de f est $\neq 0$ (autrement dit, si f est non dégénérée).

Enfin, le corollaire au théorème de Witt donne le théorème de « simplification » suivant :

THÉORÈME 4. — *Soient* $f = g \dotplus h$ *et* $f' = g' \dotplus h'$ *deux formes quadratiques non dégénérées. Si* $f \sim f'$ *et* $g \sim g'$, *on a* $h \sim h'$.

COROLLAIRE. — *Si f est non dégénérée, on a*

$$f \sim g_1 \dotplus \ldots \dotplus g_m \dotplus h$$

où $g_1, \ldots, g_m$ *sont hyperboliques, et* h *ne représente pas* 0. *Cette décomposition est unique, à équivalence près.*

L'existence résulte de la proposition 3′, et l'unicité du théorème 4.

[Le nombre m des facteurs hyperboliques peut être caractérisé comme la dimension des *sous-espaces isotropes maximaux* du module quadratique correspondant à f.]

1.7. *Formes quadratiques sur* $\mathbf{F}_q$.

Soit p un nombre premier $\neq 2$, et soit $q = p^f$ une puissance de p ; soit $\mathbf{F}_q$ un corps à q éléments (cf. chap. I, § 1).

PROPOSITION 4. — *Une forme quadratique sur* $\mathbf{F}_q$ *de rang* $\geqslant 2$ *(resp. de rang* $\geqslant 3$*) représente tout élément de* $\mathbf{F}_q^*$ *(resp. de* $\mathbf{F}_q$*).*

Vu le corollaire 1 à la proposition 3, il suffit de prouver que toute forme quadratique à 3 variables représente 0, et ceci a été démontré au chapitre I, § 2, comme conséquence du théorème de Chevalley.

[Indiquons rapidement comment on peut démontrer cette proposition sans utiliser le théorème de Chevalley. Il s'agit de montrer que, si $a, b, c \in \mathbf{F}_q$ sont non nuls, l'équation

$$(*) \qquad ax^2 + by^2 = c$$

a une solution. Soit A (resp. B) l'ensemble des éléments de $\mathbf{F}_q$ de la forme ax^2 (resp. de la forme $c - by^2$), avec $x \in \mathbf{F}_q$ (resp. avec $y \in \mathbf{F}_q$). On voit tout de suite que A et B ont chacun $(q+1)/2$ éléments; on a donc $A \cap B \neq \varnothing$, d'où une solution de l'équation (*).]

Rappelons d'autre part (cf. chap. I, n° 3.1) que le groupe $\mathbf{F}_q^*/\mathbf{F}_q^{*2}$ a deux éléments. Notons a un élément de $\mathbf{F}_q^*$ qui n'est pas un carré.

PROPOSITION 5. — *Toute forme quadratique non dégénérée de rang n sur* $\mathbf{F}_q$ *est équivalente à*

$$X_1^2 + \ldots + X_{n-1}^2 + X_n^2$$

ou

$$X_1^2 + \ldots + X_{n-1}^2 + aX_n^2$$

suivant que son discriminant est ou non un carré.

C'est clair si $n = 1$. Si $n \geqslant 2$, la proposition 4 montre que la forme f représente 1. Elle est donc équivalente à $X_1^2 + g$, où g est une forme à $n-1$ variables, et l'on applique l'hypothèse de récurrence à g.

COROLLAIRE. — *Pour que deux formes quadratiques non dégénérées sur* $\mathbf{F}_q$ *soient équivalentes, il faut et il suffit qu'elles aient même rang et même discriminant.*

(Bien entendu, le discriminant est considéré comme un élément du groupe quotient $\mathbf{F}_q^*/\mathbf{F}_q^{*2}$.)

§ 2. Formes quadratiques sur $\mathbf{Q}_p$

Dans ce paragraphe (n° 2.4 excepté), p désigne un nombre premier; on note k le corps p-adique $\mathbf{Q}_p$.

Tous les modules quadratiques considérés sont relatifs à k, et sont supposés non dégénérés; on fait les mêmes conventions pour les formes quadratiques.

2.1. *Les deux invariants.*

Soit (V, Q) un module quadratique de rang n; nous noterons $d(Q)$ son discriminant; c'est un élément de k^*/k^{*2}, cf. n° 1.1. Si $\boldsymbol{e} = (e_1, \ldots, e_n)$ est une base orthogonale de V, et si l'on pose $a_i = e_i . e_i$, on a :

$$d(Q) = a_1 \ldots a_n \quad (\text{dans } k^*/k^{*2}).$$

(Dans tout ce qui suit, nous nous permettrons souvent de noter par la même lettre un élément de k^* et sa classe modulo k^{*2}.)

Rappelons d'autre part que, si a et b sont des éléments de k^*, on a défini au chapitre III, n° 1.1, le symbole de Hilbert (a, b), égal à ± 1. Nous poserons :

$$\varepsilon(\boldsymbol{e}) = \prod_{i<j} (a_i, a_j).$$

On a $\varepsilon(\boldsymbol{e}) = \pm 1$. De plus, $\varepsilon(\boldsymbol{e})$ est un *invariant* de (V, Q). En effet :

THÉORÈME 5. — *Le nombre $\varepsilon(\boldsymbol{e})$ ne dépend pas du choix de la base orthogonale $\boldsymbol{e}$.*

Si $n = 1$, on a $\varepsilon(\boldsymbol{e}) = 1$. Si $n = 2$, on a $\varepsilon(\boldsymbol{e}) = 1$ si et seulement si la forme $Z^2 - a_1X^2 - a_2Y^2$ représente 0, autrement dit (cf. cor. 1 à la prop. 3′) si et seulement si $a_1X^2 + a_2Y^2$ représente 1; mais cette dernière condition signifie qu'il existe $x \in V$ tel que $Q(x) = 1$, et cela ne dépend pas de $\boldsymbol{e}$. Pour $n \geqslant 3$, on raisonne par récurrence sur n. D'après le théorème 2, il suffit de prouver que $\varepsilon(\boldsymbol{e}) = \varepsilon(\boldsymbol{e}')$ lorsque $\boldsymbol{e}$ et $\boldsymbol{e}'$ sont *contiguës*. Mais, vu la symétrie du symbole de Hilbert, $\varepsilon(\boldsymbol{e})$ ne change pas de valeur lorsqu'on permute les e_i; on peut donc supposer que $\boldsymbol{e}' = (e'_1, \ldots, e'_n)$ est tel que $e'_1 = e_1$. Si l'on pose $a'_i = e'_i . e'_i$, on a $a'_1 = a_1$. On peut écrire $\varepsilon(\boldsymbol{e})$ sous la forme

$$\varepsilon(\boldsymbol{e}) = (a_1, a_2 \ldots a_n) \prod_{2 \leqslant i < j} (a_i, a_j)$$
$$= (a_1, d(Q)\, a_1) \prod_{2 \leqslant i < j} (a_i, a_j)$$

puisque $d(Q) = a_1 \ldots a_n$.

De même

$$\varepsilon(e') = (a_1, d(Q)\, a_1) \prod_{2 \leqslant i < j} (a'_i, a'_j).$$

Mais l'hypothèse de récurrence, appliquée à l'orthogonal de e_1, montre que l'on a

$$\prod_{2 \leqslant i < j} (a_i, a_j) = \prod_{2 \leqslant i < j} (a'_i, a'_j),$$

d'où le résultat cherché.

Nous écrirons désormais $\varepsilon(Q)$ à la place de $\varepsilon(e)$.

Traduction. — Si f est une forme quadratique à n variables, et si

$$f \sim a_1 X_1^2 + \ldots + a_n X_n^2,$$

les deux éléments

$$d(f) = a_1 \ldots a_n \qquad (\text{dans } k^*/k^{*2})$$
$$\varepsilon(f) = \prod_{i<j} (a_i, a_j) \qquad (\text{dans } \{\pm 1\})$$

sont des *invariants* de la classe d'équivalence de f.

2.2. *Représentation d'un élément de k par une forme quadratique.*

LEMME. — a) *Le nombre d'éléments du $\mathbf{F}_2$-espace vectoriel k^*/k^{*2} est 2^r, avec $r = 2$ si $p \neq 2$ et $r = 3$ si $p = 2$.*

b) *Si $a \in k^*/k^{*2}$ et $\varepsilon = \pm 1$, soit H_a^ε l'ensemble des $x \in k^*/k^{*2}$ tels que $(x, a) = \varepsilon$. Si $a = 1$, H_a^1 a 2^r éléments et $H_a^{-1} = \varnothing$. Si $a \neq 1$, H_a^ε a 2^{r-1} éléments.*

c) *Soient $a, a' \in k^*/k^{*2}$ et $\varepsilon, \varepsilon' = \pm 1$; on suppose que H_a^ε et $H_{a'}^{\varepsilon'}$ sont non vides. Pour que $H_a^\varepsilon \cap H_{a'}^{\varepsilon'} = \varnothing$, il faut et il suffit que $a = a'$ et $\varepsilon = -\varepsilon'$.*

L'assertion a) a été démontrée au chapitre II, n° 3.3. Dans b), le cas $a = 1$ est trivial; si $a \neq 1$, l'homomorphisme $b \mapsto (a, b)$ applique k^*/k^{*2} *sur* $\{\pm 1\}$ (chap. III, n° 1.2, th. 2); son noyau H_a^1 est donc un hyperplan de k^*/k^{*2} et a 2^{r-1} éléments; son complémentaire H_a^{-1} a 2^{r-1} éléments (c'est l'hyperplan « affine » parallèle à H).

Enfin, si H_a^ε et $H_{a'}^{\varepsilon'}$ sont non vides et disjoints, ils ont nécessairement 2^{r-1} éléments chacun et sont complémentaires l'un de l'autre; cela entraîne $H_a^1 = H_{a'}^1$, d'où

$$(x, a) = (x, a') \qquad \text{pour tout } x \in k^*/k^{*2};$$

comme le symbole de Hilbert est non dégénéré, on en déduit $a = a'$ et évidemment $\varepsilon = -\varepsilon'$; la réciproque est triviale.

Soit maintenant f une forme quadratique de rang n; soient $d = d(f)$ et $\varepsilon = \varepsilon(f)$ ses deux invariants.

THÉORÈME 6. — *Pour que f représente* 0, *il faut et il suffit que* :

i) $n = 2$ *et* $d = -1$ *(dans* k^*/k^{*2}*)* ;
ii) $n = 3$ *et* $(-1, -d) = \varepsilon$;
iii) $n = 4$ *et, soit* $d \neq 1$, *soit* $d = 1$ *et* $\varepsilon = (-1, -1)$;
iv) $n \geqslant 5$.

(En particulier, *toute forme à au moins 5 variables représente* 0.)

Avant de démontrer ce théorème, indiquons-en une conséquence :

Soit $a \in k^*/k^{*2}$, et soit $f_a = f \dot{-} aZ^2$ (cette forme est définie à équivalence près). On sait (cf. nº 1.6) que f_a représente 0 si et seulement si f représente a. Or, on a

$$d(f_a) = -ad, \qquad \varepsilon(f_a) = (-a, d)\,\varepsilon,$$

comme on le vérifie aussitôt. En appliquant le théorème 6 à f_a, et en tenant compte de ces formules, on obtient :

COROLLAIRE. — *Soit* $a \in k^*/k_2^*$. *Pour que f représente a, il faut et il suffit que* :

i) $n = 1$ *et* $a = d$;
ii) $n = 2$ *et* $(a, -d) = \varepsilon$;
iii) $n = 3$ *et, soit* $a \neq -d$, *soit* $a = -d$ *et* $(-1, -d) = \varepsilon$;
iv) $n \geqslant 4$.

(Précisons que, dans cet énoncé comme dans celui du théorème 6, a et d sont considérés comme des éléments de k^*/k^{*2}; ainsi, l'inégalité $a \neq -d$ signifie que a n'est pas égal au produit de $-d$ par un carré.)

Démonstration du théorème 6. — On écrit f sous la forme $f \sim a_1 X_1^2 + \ldots + a_n X_n^2$, et l'on considère séparément les cas $n = 2, 3, 4$ et $\geqslant 5$.

i) *Le cas* $n = 2$.

La forme f représente 0 si et seulement si $-a_1/a_2$ est un carré; mais $-a_1/a_2 = -a_1 a_2 = -d$ dans k^*/k^{*2}; on doit donc avoir $-d = 1$, i.e. $d = -1$.

ii) *Le cas* $n = 3$.

La forme f représente 0 si et seulement si la forme

$$-a_3 f \sim -a_3 a_1 X_1^2 - a_3 a_2 X_2^2 - X_3^2$$

représente 0. Or, par définition même du symbole de Hilbert, cette dernière forme représente 0 si et seulement si l'on a :

$$(-a_3 a_1, -a_3 a_2) = 1.$$

En développant, on trouve :

$$(-1, -1)(-1, a_1)(-1, a_2)(a_3, a_3)(a_1, a_2)(a_1, a_3)(a_2, a_3) = 1.$$

Mais on a $(a_3, a_3) = (-1, a_3)$, cf. chapitre III, n° 1.1, proposition 2, formule iv). On peut donc récrire la condition ci-dessus sous la forme

$$(-1, -1)(-1, a_1 a_2 a_3)(a_1, a_2)(a_1, a_3)(a_2, a_3) = 1$$

ou encore $(-1, -d)\,\varepsilon = 1$, i.e. $(-1, -d) = \varepsilon$.

iii) *Le cas* $n = 4$.

D'après le corollaire 2 à la proposition 3′, f représente 0 si, et seulement si, il existe un élément $x \in k^*/k^{*2}$ qui est représenté par les deux formes

$$a_1 X_1^2 + a_2 X_2^2 \qquad \text{et} \qquad -a_3 X_3^2 - a_4 X_4^2.$$

D'après le cas ii) du corollaire ci-dessus, un tel x est caractérisé par les conditions :

$$(x, -a_1 a_2) = (a_1, a_2) \quad \text{et} \quad (x, -a_3 a_4) = (-a_3, -a_4).$$

Soit A la partie de k^*/k^{*2} définie par la première condition, et soit B celle définie par la seconde. Pour que f ne représente pas 0, il faut et il suffit que $A \cap B = \varnothing$. Or A et B sont évidemment non vides (on a $a_1 \in A$ et $-a_3 \in B$, par exemple). D'après la partie c) du lemme donné au début de ce numéro, la relation $A \cap B = \varnothing$ équivaut donc à :

$$a_1 a_2 = a_3 a_4 \quad \text{et} \quad (a_1, a_2) = -(-a_3, -a_4).$$

La première condition signifie que $d = 1$. Si elle est réalisée, on a

$$\varepsilon = (a_1, a_2)(a_3, a_4)(a_3 a_4, a_3 a_4);$$

en utilisant la relation $(x, x) = (-1, x)$ (cf. chap. III, nº 1.1, formule iv) de la proposition 2), on en tire :

$$\begin{aligned} \varepsilon &= (a_1, a_2)(a_3, a_4)(-1, a_3 a_4) \\ &= (a_1, a_2)(-a_3, -a_4)(-1, -1). \end{aligned}$$

On voit ainsi que la seconde condition s'écrit

$$\varepsilon = -(-1, -1),$$

d'où le résultat cherché.

iv) *Le cas* $n \geqslant 5$.

Il suffit de traiter le cas $n = 5$. En utilisant le lemme et la partie ii) du corollaire ci-dessus, on voit qu'une forme de rang 2 représente au moins 2^{r-1} éléments de k^*/k^{*2}, et il en est *a fortiori* de même pour les formes de rang $\geqslant 2$. Comme $2^{r-1} \geqslant 2$, f représente au moins un élément $a \in k^*/k^{*2}$ qui est *distinct de d*. On a :

$$f \sim aX^2 + g$$

où g est une forme de rang 4. Le discriminant de g est égal à d/a; il est donc différent de 1, et, d'après iii), la forme g représente 0. Il en est alors de même de f, ce qui achève la démonstration du théorème 6.

Remarques. — 1) Soit f une forme quadratique ne représentant pas 0. Les résultats ci-dessus montrent que le nombre d'éléments de k^*/k^{*2} qui sont représentés par f est égal à 1 si $n = 1$, à 2^{r-1} si $n = 2$, à $2^r - 1$ si $n = 3$, et à 2^r si $n = 4$.

2) On a vu que toute forme quadratique à 5 variables sur $\mathbf{Q}_p$ représente 0. Signalons à ce propos la conjecture qu'avait faite Artin : *tout polynôme homogène de degré d sur $\mathbf{Q}_p$, en au moins $d^2 + 1$ variables, a un zéro non trivial.* Le cas $d = 3$ a été résolu affirmativement (cf. par exemple, T. Springer, *Koninkl. Nederl. Akad. Van Wetenss.*, 1955, p. 512-516). Le cas général est resté ouvert pendant une trentaine d'années. Ce n'est qu'en 1966 que G. Terjanian a montré que *la conjecture d'Artin est fausse* : il existe un polynôme homogène de degré 4 sur $\mathbf{Q}_2$, en 18 variables, qui n'a aucun zéro non trivial. Terjanian part du polynôme

$$n(X, Y, Z) = X^2YZ + Y^2ZX + Z^2XY + X^2Y^2 + Y^2Z^2 + Z^2X^2 - X^4 - Y^4 - Z^4$$

qui a la propriété que $n(x, y, z) \equiv -1 \pmod 4$ si (x, y, z) est primitif dans $(\mathbf{Z}_2)^3$. Soit

$$f(X_1, \ldots, X_9) = n(X_1, X_2, X_3) + n(X_4, X_5, X_6) + n(X_7, X_8, X_9) \ ;$$

on a $f(x_1, \ldots, x_9) \not\equiv 0 \pmod 4$ si $(x_1, \ldots, x_9)$ est primitif. De là, on déduit facilement que le polynôme

$$F(X_1, \ldots, X_{18}) = f(X_1, \ldots, X_9) + 4f(X_{10}, \ldots, X_{18})$$

n'a pas de zéro non trivial. (Il existe des exemples analogues — mais de plus hauts degrés — pour tous les $\mathbf{Q}_p$.)

On sait toutefois que la conjecture d'Artin est « presque » vraie : pour un degré d fixé, elle est vraie pour tous les nombres premiers p sauf un nombre fini (Ax-Kochen, *Amer. J. of Math.*, 1965) ; cependant, même pour $d = 4$, on ne sait pas déterminer l'ensemble des nombres premiers exceptionnels.

2.3. *Classification.*

THÉORÈME 7. — *Deux formes quadratiques sur k sont équivalentes si et seulement si elles ont même rang, même discriminant, et même invariant ε.*

Que deux formes équivalentes aient les mêmes invariants résulte de la définition de ceux-ci. La réciproque se démontre par récurrence sur le rang n des deux formes f et g considérées (le cas $n = 0$ étant trivial). Le corollaire au théorème 6 montre que f et g représentent les mêmes éléments de k^*/k^{*2} ; on peut donc trouver $a \in k^*$ qui est représenté à la fois par f et par g; cela permet d'écrire

$$f \sim aZ^2 \dotplus f' \qquad \text{et} \qquad g \sim aZ^2 \dotplus g'$$

où f', g' sont des formes de rang $n - 1$. On a

$$d(f') = ad(f) = ad(g) = d(g')$$
$$\varepsilon(f') = \varepsilon(f)(a, d(f')) = \varepsilon(g)(a, d(g')) = \varepsilon(g')$$

ce qui montre que f' et g' ont les mêmes invariants. Vu l'hypothèse de récurrence, on a $f' \sim g'$, d'où $f \sim g$.

COROLLAIRE. — *A équivalence près, il existe une forme de rang 4 et une seule qui ne représente pas* 0 ; *si* $(a, b) = -1$, *c'est la forme* $z^2 - ax^2 - by^2 + abt^2$.

En effet, d'après le théorème 6, une telle forme est caractérisée par $d(f) = 1$, $\varepsilon(f) = -(-1, -1)$, et un calcul immédiat montre que $z^2 - ax^2 - by^2 + abt^2$ a ces propriétés.

Remarque. — On peut caractériser cette forme comme la *norme réduite* de l'unique corps non commutatif de degré 4 sur $\mathbf{Q}_p$; si $(a, b) = -1$, ce corps peut être défini comme un corps « de quaternions », de base $\{1, i, j, ij\}$, avec $i^2 = a$, $j^2 = b$, $ij = -ji$.

PROPOSITION 6. — *Soient* $n \geqslant 1$, $d \in k^*/k^{*2}$ *et* $\varepsilon = \pm 1$. *Pour qu'il existe une forme quadratique* f *de rang* n *telle que* $d(f) = d$ *et* $\varepsilon(f) = \varepsilon$, *il faut et il suffit que l'on ait :*

$n = 1$, $\varepsilon = 1$; *ou* $n = 2$, $d \neq -1$;
ou $n = 2$, $\varepsilon = 1$; *ou* $n \geqslant 3$.

Le cas $n = 1$ est trivial. Si $n = 2$, on a $f \sim aX^2 + bY^2$ et, si $d(f) = -1$, $\varepsilon(f) = (a, b) = (a, -ab) = 1$; on ne peut donc pas avoir simultanément $d(f) = -1$ et $\varepsilon(f) = -1$. Inversement, si $d = -1$, $\varepsilon = 1$, on prend $f = X^2 - Y^2$; si $d \neq -1$, il existe $a \in k^*$ tel que $(a, -d) = \varepsilon$, et l'on prend $f = aX^2 + adY^2$. Si $n = 3$, on choisit $a \in k^*/k^{*2}$ distinct de $-d$; d'après ce qu'on vient de voir, il existe une forme g de rang 2 telle que $d(g) = ad$, $\varepsilon(g) = \varepsilon(a, -d)$; la forme $aZ^2 \dotplus g$ convient. Le cas $n \geqslant 4$ se ramène au cas $n = 3$ en prenant f de la forme $g(X_1, X_2, X_3) + X_4^2 + \ldots + X_n^2$, où g a les invariants voulus.

COROLLAIRE. — *Le nombre des classes de formes quadratiques de rang* n *sur* $\mathbf{Q}_p$, $p \neq 2$ (resp. $p = 2$) *est égal à 4* (resp. 8) *si* $n = 1$, *à 7* (resp. 15) *si* $n = 2$, *et à 8* (resp. 16) *si* $n \geqslant 3$.

En effet, $d(f)$ peut prendre 4 (resp. 8) valeurs, et $\varepsilon(f)$ peut prendre deux valeurs.

2.4. *Le cas réel.*

Soit f une forme quadratique de rang n sur le corps $\mathbf{R}$ des nombres réels. On sait que f est équivalente à

$$X_1^2 + \ldots + X_r^2 - Y_1^2 - \ldots - Y_s^2$$

où r et s sont deux entiers $\geqslant 0$ tels que $r + s = n$; le couple (r, s) ne dépend que de f; on l'appelle la *signature* de f. On dit que f est *définie* si r ou $s = 0$, autrement dit si f a un signe constant; sinon, on dit que f est *indéfinie* (c'est le cas où f représente 0).

L'*invariant* $\varepsilon(f)$ se définit comme dans le cas de $\mathbf{Q}_p$; du fait que $(-1, -1) = -1$, on a :

$$\varepsilon(f) = (-1)^{s(s-1)/2} = \begin{cases} 1 & \text{si} \quad s \equiv 0,1 \pmod 4 \\ -1 & \text{si} \quad s \equiv 2,3 \pmod 4. \end{cases}$$

D'autre part :

$$d(f) = (-1)^s = \begin{cases} 1 & \text{si} \quad s \equiv 0 \pmod 2 \\ -1 & \text{si} \quad s \equiv 1 \pmod 2. \end{cases}$$

On voit ainsi que la connaissance de $d(f)$ et $\varepsilon(f)$ équivaut à celle de la classe de s modulo 4; en particulier, *$d(f)$ et $\varepsilon(f)$ déterminent f à équivalence près si* $n \leqslant 3$.

On vérifie également que *les parties* i), ii), iii) *du théorème* 6 *et de son corollaire sont valables sur* $\mathbf{R}$ (d'ailleurs leur démonstration n'utilisait que la non-dégénérescence du symbole de Hilbert, et celle-ci s'applique à $\mathbf{R}$); il n'en va évidemment plus de même pour la partie iv).

§ 3. Formes quadratiques sur Q

Toutes les formes quadratiques considérées sont à coefficients dans $\mathbf{Q}$, et sont supposées non dégénérées.

3.1. *Invariants d'une forme.*

De même qu'au chapitre III, § 2, on note V la réunion de l'ensemble des nombres premiers et du symbole ∞, et l'on convient que $\mathbf{Q}_\infty = \mathbf{R}$.

Soit $f \sim a_1 X_1^2 + \ldots + a_n X_n^2$ une forme quadratique de rang n. On lui associe les invariants suivants :

a) Le *discriminant* $d(f) \in \mathbf{Q}^*/\mathbf{Q}^{*2}$, égal à $a_1 \ldots a_n$.

b) Soit $v \in \mathrm{V}$. L'injection $\mathbf{Q} \to \mathbf{Q}_v$ permet de considérer f comme une *forme quadratique* (que nous noterons f_v) *sur* $\mathbf{Q}_v$. Les invariants de f_v seront notés $d_v(f)$ et $\varepsilon_v(f)$; il est clair que $d_v(f)$ est l'image de $d(f)$ par $\mathbf{Q}^*/\mathbf{Q}^{*2} \to \mathbf{Q}_v^*/\mathbf{Q}_v^{*2}$; on a

$$\varepsilon_v(f) = \prod_{i<j} (a_i, a_j)_v .$$

La formule du produit (chap. III, nº 2.1, th. 3) entraîne la relation :

$$\prod_{v \in \mathrm{V}} \varepsilon_v(f) = 1.$$

c) La *signature* (r, s) de la forme quadratique réelle f_∞ est un autre invariant de f.

Les invariants $d_v(f)$, $\varepsilon_v(f)$ et (r, s) sont parfois appelés les invariants *locaux* de f.

3.2. *Représentation d'un nombre par une forme.*

Théorème 8 (Hasse-Minkowski). — *Pour que f représente* 0, *il faut et il suffit que, pour tout* $v \in \mathrm{V}$, *la forme* f_v *représente* 0.

(Autrement dit : f a un zéro « global » si et seulement si f a partout un zéro « local ».)

La nécessité est triviale. Pour voir la suffisance, on écrit f sous la forme

$$f = a_1 \mathrm{X}_1^2 + \ldots + a_n \mathrm{X}_n^2, \qquad a_i \in \mathbf{Q}^*.$$

Quitte à remplacer f par $a_1 f$, on peut en outre supposer que $a_1 = 1$.

On considère séparément les cas $n = 2, 3, 4$ et $\geqslant 5$.

i) *Le cas* $n = 2$.

On a $f = \mathrm{X}_1^2 - a\mathrm{X}_2^2$; comme f_∞ représente 0, a est > 0. Si on écrit a sous la forme :

$$a = \prod_p p^{v_p(a)}$$

le fait que f_p représente 0 montre que a est un carré dans $\mathbf{Q}_p$, donc que $v_p(a)$ est *pair*. Il en résulte que a est un carré dans $\mathbf{Q}$, et f représente bien 0.

ii) *Le cas* $n = 3$ (Legendre).

On a $f = X_1^2 - aX_2^2 - bX_3^2$; quitte à multiplier a, b par des carrés, on peut supposer que a et b sont des *entiers sans facteurs carrés* (i.e. $v_p(a)$, $v_p(b)$ sont égaux à 0 ou 1 pour tout nombre premier p). On peut aussi supposer que $|a| \leqslant |b|$. On raisonne alors par récurrence sur l'entier $m = |a| + |b|$. Si $m = 2$, on a

$$f = X_1^2 \pm X_2^2 \pm X_3^2 \ ;$$

le cas de $X_1^2 + X_2^2 + X_3^2$ est exclu, puisque f_∞ représente 0; dans les autres cas, f représente bien zéro.

Supposons $m > 2$, i.e. $|b| \geqslant 2$, et écrivons b sous la forme

$$b = \pm p_1 \cdots p_k$$

où les p_i sont des nombres premiers distincts. Soit p l'un des p_i; nous allons voir que *a est un carré modulo p.* C'est évident si $a \equiv 0 \pmod p$. Sinon, a est une unité p-adique; par hypothèse, il existe $(x, y, z) \in (\mathbf{Q}_p)^3$ tel que

$$z^2 - ax^2 - by^2 = 0$$

et l'on peut supposer (x, y, z) primitif (cf. chap. II, nº 2.1, prop. 6). On a $z^2 - ax^2 \equiv 0 \pmod p$. On en conclut que, si $x \equiv 0 \pmod p$, il en est de même de z, et by^2 est divisible par p^2; comme $v_p(b) = 1$, cela entraîne $y \equiv 0 \pmod p$ contrairement au fait que (x, y, z) est primitif. On a donc $x \not\equiv 0 \pmod p$, ce qui montre bien que a est un carré $\pmod p$. Ceci étant, comme $\mathbf{Z}/b\mathbf{Z} = \prod \mathbf{Z}/p_i\mathbf{Z}$, on voit que *a est un carré modulo b.* Il existe donc des entiers t, b' tels que

$$t^2 = a + bb'$$

et l'on peut choisir t de telle sorte que $|t| \leqslant |b|/2$. La formule $bb' = t^2 - a$ montre que bb' est une *norme* de l'extension $k(\sqrt{a})/k$, où $k = \mathbf{Q}$ ou $\mathbf{Q}_v$; on en conclut (le raisonnement est le même que celui de la prop. 1 du chap. III) que f représente 0 dans k si et seulement s'il en est de même de $f' = X_1^2 - aX_2^2 - b'X_3^2$. En particulier, f' représente 0 dans chacun des $\mathbf{Q}_v$. Mais l'on a :

$$|b'| = \left|\frac{t^2 - a}{b}\right| \leqslant \frac{|b|}{4} + 1 < |b| \qquad \text{puisque} \quad |b| \geqslant 2.$$

Ecrivons b' sous la forme $b''u^2$ avec b'', u entiers et b'' sans facteurs carrés; on a *a fortiori* $|b''| < |b|$. L'hypothèse de récurrence s'applique donc à la forme

$$f'' = X_1^2 - aX_2^2 - b''X_3^2$$

qui est équivalente à f'. On voit ainsi que f'' représente 0 dans $\mathbf{Q}$, et il en est de même de f.

iii) *Le cas* $n = 4$.

On a :

$$f = aX_1^2 + bX_2^2 - (cX_3^2 + dX_4^2).$$

Soit $v \in V$. Puisque f_v représente 0, le corollaire 2 à la proposition 3′ du nº 1.6 montre qu'il existe $x_v \in \mathbf{Q}_v^*$ qui est représenté à la fois par $aX_1^2 + bX_2^2$ et par $cX_3^2 + dX_4^2$; d'après la partie ii) du corollaire au théorème 6 (qui s'applique également à $\mathbf{Q}_\infty = \mathbf{R}$), cela revient à dire que l'on a :

$$(x_v, -ab)_v = (a, b)_v \quad \text{et} \quad (x_v, -cd)_v = (c, d)_v.$$

Comme $\prod_{v \in V} (a, b)_v = \prod_{v \in V} (c, d)_v = 1$, on peut appliquer le théorème 4 du chapitre III, nº 2.2, et l'on en conclut qu'il existe $x \in \mathbf{Q}^*$ tel que :

$$(x, -ab)_v = (a, b)_v \quad \text{et} \quad (x, -cd)_v = (c, d)_v \qquad \text{pour tout } v \in V.$$

La forme $aX_1^2 + bX_2^2 - xZ^2$ représente alors 0 dans chacun des $\mathbf{Q}_v$, donc dans $\mathbf{Q}$ d'après ce que l'on vient de voir. On en conclut que x est représenté dans $\mathbf{Q}$ par $aX_1^2 + bX_2^2$, et le même argument s'applique à $cX_3^2 + dX_4^2$; d'où le fait que f représente 0.

iv) *Le cas* $n \geqslant 5$.

On raisonne par récurrence sur n. On écrit f sous la forme

$$f = h \dot{-} g$$

avec $h = a_1 X_1^2 + a_2 X_2^2$, $g = -(a_3 X_3^2 + \ldots + a_n X_n^2)$.

Soit S la partie de V formée de ∞, 2 et des nombres premiers p tels que $v_p(a_i) \neq 0$ pour un $i \geqslant 3$; c'est un ensemble fini. Soit $v \in S$. Puisque f_v représente 0, il existe $a_v \in \mathbf{Q}_v^*$ qui est représenté dans $\mathbf{Q}_v$ par h et par g; il existe donc $x_i^v \in \mathbf{Q}_v$, $i = 1, \ldots, n$, tels que :

$$h(x_1^v, x_2^v) = a_v = g(x_3^v, \ldots, x_n^v).$$

Mais les carrés de $\mathbf{Q}_v^*$ forment un ensemble *ouvert* (cf. chap. II, n° 3.3). On en conclut, au moyen du théorème d'approximation (chap. III, n° 2.2, lemme 2), qu'il existe $x_1, x_2 \in \mathbf{Q}$ tels que, si $a = h(x_1, x_2)$, on ait $a/a_v \in \mathbf{Q}_v^{*2}$ pour tout $v \in S$. Considérons maintenant la forme

$$f_1 = aZ^2 \dot{-} g.$$

Si $v \in S$, g représente a_v dans $\mathbf{Q}_v$, donc aussi a puisque $a/a_v \in \mathbf{Q}_v^{*2}$; on en conclut que f_1 représente 0 dans $\mathbf{Q}_v$. Si $v \notin S$, les coefficients $-a_3, \ldots, -a_n$ de g sont des unités v-adiques; il en est de même de $d_v(g)$, et, puisque $v \neq 2$, on a $\varepsilon_v(g) = 1$. Comme le rang de g est $\geqslant 3$, le théorème 6 montre que g représente 0 [cela pourrait aussi se déduire du cor. 2 au th. 1 du chap. II, n° 2.2, combiné avec le théorème de Chevalley]. Dans tous les cas, on voit que f_1 représente 0 dans $\mathbf{Q}_v$; comme le rang de f_1 est $n - 1$, l'hypothèse de récurrence montre que f_1 représente 0 dans $\mathbf{Q}$, i.e. que g représente a dans $\mathbf{Q}$; comme h représente a, on en déduit bien que f représente 0, ce qui achève la démonstration.

COROLLAIRE 1. — *Soit* $a \in \mathbf{Q}^*$. *Pour que* f *représente* a *dans* $\mathbf{Q}$, *il faut et il suffit qu'il en soit ainsi dans chacun des* $\mathbf{Q}_v$.

Cela résulte du théorème, appliqué à la forme $aZ^2 \dot{-} f$.

COROLLAIRE 2 (Meyer). — *Une forme quadratique de rang* $\geqslant 5$ *représente* 0 *si et seulement si elle est indéfinie* (i.e. si elle représente 0 dans $\mathbf{R}$).

En effet, d'après le théorème 6, une telle forme représente 0 dans chacun des $\mathbf{Q}_p$.

COROLLAIRE 3. — *Soit n le rang de f. Supposons que* $n = 3$ (*resp.* $n = 4$ *et* $d(f) = 1$). *Si f représente* 0 *dans tous les* $\mathbf{Q}_v$ *sauf un au plus, alors f représente* 0.

Supposons que $n = 3$. D'après le théorème 6, f représente 0 dans $\mathbf{Q}_v$ si et seulement si l'on a :

$$(*)_v \qquad (-1, -d(f))_v = \varepsilon_v(f).$$

Mais les deux familles $\varepsilon_v(f)$, $(-1, -d(f))_v$ vérifient *la formule du produit* du chapitre III, nº 2.1. On en conclut que, si $(*)_v$ est vraie pour tout v sauf un au plus, $(*)_v$ est vraie pour tout v; d'après le théorème 8, la forme f représente 0.

Lorsque $n = 4$ et $d(f) = 1$, on raisonne de la même manière, l'égalité $(*)_v$ étant remplacée par :

$$(-1, -1)_v = \varepsilon_v(f).$$

Remarques. — 1) Supposons que $n = 2$, et que f représente 0 dans tous les $\mathbf{Q}_v$ *sauf un nombre fini*. On peut alors montrer, au moyen du théorème de la progression arithmétique (cf. chap. VI, nº 4.4), que f représente 0.

2) Le théorème 8 ne s'étend pas aux polynômes homogènes de degré $\geqslant 3$; par exemple, Selmer a démontré que l'équation

$$3X^3 + 4Y^3 + 5Z^3 = 0$$

a une solution non triviale dans chacun des $\mathbf{Q}_v$, mais n'en a aucune dans $\mathbf{Q}$.

3.3. *Classification.*

THÉORÈME 9. — *Soient f et f' deux formes quadratiques sur* $\mathbf{Q}$. *Pour que f et f' soient équivalentes sur* $\mathbf{Q}$, *il faut et il suffit qu'elles le soient sur chacun des* $\mathbf{Q}_v$.

La nécessité est triviale. Pour prouver la suffisance, on raisonne par récurrence sur le rang n de f et f'. Si $n = 0$, il n'y a rien à démontrer. Sinon, il existe $a \in \mathbf{Q}^*$ représenté par f, donc aussi par f' (cf. cor. 1 au th. 8). On a alors $f \sim aZ^2 \dotplus g$, $f' \sim aZ^2 \dotplus g'$. D'après le théorème 4 du n° 1.6, on a $g \sim g'$ sur $\mathbf{Q}_v$ pour tout $v \in V$. L'hypothèse de récurrence montre alors que $g \sim g'$ sur $\mathbf{Q}$, d'où $f \sim f'$.

Corollaire. — *Soient (r, s) et (r', s') les signatures de f et de f'. Pour que f et f' soient équivalentes, il faut et il suffit que l'on ait :*

$$d(f) = d(f'), \quad (r, s) = (r', s') \quad \text{et} \quad \varepsilon_v(f) = \varepsilon_v(f') \quad \text{pour tout } v \in V.$$

En effet, ces conditions expriment simplement que f et f' sont équivalentes sur chacun des $\mathbf{Q}_v$.

Remarque. — Les invariants $d = d(f)$, $\varepsilon_v = \varepsilon_v(f)$ et (r, s) ne sont pas arbitraires. Ils vérifient les relations suivantes :

(1) $\varepsilon_v = 1$ pour presque tout $v \in V$, et $\prod_{v \in V} \varepsilon_v = 1$;

(2) $\varepsilon_v = 1$ si $n = 1$, ou si $n = 2$ et si l'image d_v de d dans $\mathbf{Q}_v^*/\mathbf{Q}_v^{*2}$ est égale à -1;

(3) $r, s \geqslant 0$ et $r + s = n$;

(4) $d_\infty = (-1)^s$;

(5) $\varepsilon_\infty = (-1)^{s(s-1)/2}$.

Inversement :

Proposition 7. — *Soient d, $(\varepsilon_v)_{v \in V}$ et (r, s) vérifiant les relations (1) à (5) ci-dessus. Il existe alors une forme quadratique de rang n sur $\mathbf{Q}$, ayant pour invariants d, $(\varepsilon_v)_{v \in V}$ et (r, s).*

Le cas $n = 1$ est trivial.

Supposons que $n = 2$. Soit $v \in V$. La non-dégénérescence du symbole de Hilbert, jointe à la condition (2), montre qu'il existe $x_v \in \mathbf{Q}_v^*$ tel que $(x_v, -d)_v = \varepsilon_v$.

De là, et de la condition (1), on déduit l'existence de $x \in \mathbf{Q}^*$ tel que $(x, -d)_v = \varepsilon_v$ pour tout $v \in V$ (cf. chap. III, nº 2.2, th. 4). La forme $xX^2 + x\,dY^2$ convient.

Supposons que $n = 3$. Soit S l'ensemble des $v \in V$ tels que $(-d, -1)_v = -\varepsilon_v$; c'est un ensemble fini. Si $v \in S$, choisissons dans $\mathbf{Q}_v^*/\mathbf{Q}_v^{*2}$ un élément c_v distinct de l'image $-d_v$ de $-d$ dans ce groupe. Utilisant le théorème d'approximation (cf. chap. III, nº 2.2, lemme 2) on voit qu'il existe $c \in \mathbf{Q}^*$ dont l'image dans chacun des $\mathbf{Q}_v^*/\mathbf{Q}_v^{*2}$, $v \in S$, est c_v. D'après ce que l'on vient de prouver, il existe une forme g de rang 2 telle que

$d(g) = cd, \qquad \varepsilon_v(g) = (c, -d)_v\,\varepsilon_v$ pour tout $v \in V$.

On constate alors que la forme $f = cZ^2 \dotplus g$ convient. [Noter que, pour $n \leqslant 3$, on n'a pas à s'occuper de la *signature* de la forme, car les conditions (3), (4), (5) la déterminent en fonction de d_∞ et ε_∞.]

Lorsque $n \geqslant 4$, on raisonne par récurrence sur n. Supposons d'abord que r soit $\geqslant 1$. On voit alors, au moyen de l'hypothèse de récurrence, qu'il existe une forme g de rang $n - 1$ qui a pour invariants d, $(\varepsilon_v)_{v \in V}$ et $(r - 1, s)$; la forme $X^2 \dotplus g$ répond à la question. Lorsque $r = 0$, on construit une forme h de rang $n - 1$, ayant pour invariants $-d$, $\varepsilon_v(-1, -d)_v$ et $(0, n - 1)$; la forme $-X^2 \dotplus h$ convient.

Appendice

Sommes de trois carrés

Soient n et p des entiers positifs. On dit que *n est somme de p carrés* si n est représenté *sur l'anneau* $\mathbf{Z}$ par la forme quadratique $X_1^2 + \ldots + X_p^2$, i.e. s'il existe des entiers $n_1, \ldots, n_p$ tels que

$$n = n_1^2 + \ldots + n_p^2.$$

Théorème (Gauss). — *Pour qu'un entier positif n soit somme de trois carrés, il faut et il suffit qu'il ne soit pas de la forme* $4^a(8b - 1)$, *avec* $a, b \in \mathbf{Z}$.

(Exemple : si n n'est pas divisible par 4, c'est une somme de trois carrés si et seulement si l'on a $n \equiv 1, 2, 3, 5, 6 \pmod 8$.)

Démonstration. — On peut supposer n non nul. La condition « n est de la forme $4^a(8b-1)$ » équivaut alors à dire que *— n est un carré dans* $\mathbf{Q}_2^*$ (cf. chap. II, nº 3.3, th. 4). Or, on a le résultat suivant :

Lemme A. — *Soit $a \in \mathbf{Q}^*$. Pour que a soit représenté sur* $\mathbf{Q}$ *par la forme* $f = X_1^2 + X_2^2 + X_3^2$, *il faut et il suffit que a soit > 0 et que — a ne soit pas un carré dans* $\mathbf{Q}_2$.

D'après le corollaire 1 au théorème 8, il faut exprimer que a est représenté par f sur $\mathbf{R}$ et sur tous les $\mathbf{Q}_p$. Le cas de $\mathbf{R}$ donne la condition de positivité. D'autre part, les invariants locaux $d_p(f)$ et $\varepsilon_p(f)$ sont égaux à 1. Si $p \neq 2$, on a

$$(-1, -d_p(f))_p = (-1, -1)_p = 1 = \varepsilon_p(f);$$

le corollaire au théorème 6 montre alors que a est représenté par f sur $\mathbf{Q}_p$. Si $p = 2$, on a

$$(-1, -d_2(f))_2 = -1 \neq \varepsilon_2(f);$$

le même corollaire montre que a est représenté par f sur $\mathbf{Q}_2$ si et seulement si a est différent de -1 dans $\mathbf{Q}_2^*/\mathbf{Q}_2^{*2}$, i.e. si $-a$ n'est pas un carré de $\mathbf{Q}_2$.

Il faut maintenant passer des représentations *sur* $\mathbf{Q}$ aux représentations *sur* $\mathbf{Z}$. Cela se fait au moyen du lemme suivant :

Lemme B (Davenport-Cassels). — *Soit*

$$f(X) = \sum_{i,j=1}^{p} a_{ij} X_i X_j$$

une forme quadratique définie positive, la matrice (a_{ij}) étant symétrique et à coefficients entiers. On fait l'hypothèse suivante :

(H). — *Pour tout $x = (x_1, \ldots, x_p) \in \mathbf{Q}^p$, il existe $y \in \mathbf{Z}^p$ tel que $f(x-y) < 1$.*

Alors, si $n \in \mathbf{Z}$ *est représenté par* f *sur* $\mathbf{Q}$, n *est aussi représenté par* f *sur* $\mathbf{Z}$.

Si $x = (x_1, \ldots, x_p)$ et $y = (y_1, \ldots, y_p)$ sont deux éléments de $\mathbf{Q}^p$, nous noterons $x.y$ leur produit scalaire $\sum a_{ij} x_i y_j$. On a $x.x = f(x)$.

Soit n un entier représenté par f sur $\mathbf{Q}$. Il existe un entier $t > 0$ tel que $t^2 n = x.x$, avec $x \in \mathbf{Z}^p$. Choisissons t et x de telle sorte que t soit minimum; il nous faut prouver que l'on a alors $t = 1$.

D'après l'hypothèse (H), il existe $y \in \mathbf{Z}^p$ tel que

$$\frac{x}{t} = y + z, \qquad \text{avec} \quad z.z < 1.$$

Si $z.z = 0$, on a $z = 0$, et $\frac{x}{t}$ est à coefficients entiers. Vu la minimalité de t, cela entraîne $t = 1$.

Supposons que l'on ait $z.z \neq 0$, et posons :

$$\begin{aligned} a &= y.y - n \\ b &= 2(nt - x.y) \\ t' &= at + b \\ x' &= ax + by. \end{aligned}$$

On a $a, b, t' \in \mathbf{Z}$. De plus :

$$\begin{aligned} x'.x' &= a^2\, x.x + 2ab x.y + b^2\, y.y \\ &= a^2 t^2 n + ab(2nt - b) + b^2(n + a) \\ &= n(a^2 t^2 + 2abt + b^2) \\ &= t'^2 n. \end{aligned}$$

D'autre part :

$$\begin{aligned} tt' &= at^2 + bt = t^2 y.y - nt^2 + 2nt^2 - 2tx.y \\ &= t^2 y.y - 2tx.y + x.x = (ty - x).(ty - x) \\ &= t^2 z.z, \end{aligned}$$

d'où $t' = tz.z$; comme $0 < z.z < 1$, on a $0 < t' < t$. Ceci contredit la minimalité de t, et achève la démonstration du lemme.

Pour démontrer le théorème, il suffit maintenant de vérifier que la forme $f = X_1^2 + X_2^2 + X_3^2$ satisfait à la condition (H) du lemme B. Or c'est immédiat : si $(x_1, x_2, x_3) \in \mathbf{Q}^3$ on choisit $(y_1, y_2, y_3) \in \mathbf{Z}^3$ tel que $|x_i - y_i| \leqslant 1/2$ pour tout i; on a $\sum(x_i - y_i)^2 \leqslant 3/4 < 1$.

COROLLAIRE 1 (Lagrange). — *Tout entier positif est somme de quatre carrés.*

Soit n un entier > 0. On peut l'écrire sous la forme $4^a m$, où m n'est pas divisible par 4. Si $m \equiv 1, 2, 3, 5, 6 \pmod 8$, m est somme de trois carrés, et il en est de même de n. Sinon, on a $m \equiv -1 \pmod 8$, et $m - 1$ est somme de trois carrés; dans ce cas m est somme de quatre carrés, et il en est de même de n.

COROLLAIRE 2 (Gauss). — *Tout entier positif est somme de trois nombres triangulaires.*

(On appelle « nombre triangulaire » tout nombre de la forme $\dfrac{m(m+1)}{2}$, où m est entier.)

Soit n un entier $\geqslant 0$. En appliquant le théorème à $8n + 3$, on voit qu'il existe des entiers x_1, x_2, x_3 tels que

$$x_1^2 + x_2^2 + x_3^2 = 8n + 3.$$

On a :

$$x_1^2 + x_2^2 + x_3^2 \equiv 3 \pmod 8.$$

Mais les seuls carrés de $\mathbf{Z}/8\mathbf{Z}$ sont 0, 1 et 4; une somme de trois carrés de $\mathbf{Z}/8\mathbf{Z}$ ne peut être égale à 3 que si chacun de ses termes est égal à 1. On en conclut que les x_i sont impairs, et l'on peut les écrire sous la forme $2m_i + 1$, avec m_i entier. On a :

$$\sum_{i=1}^{i=3} \frac{m_i(m_i+1)}{2} = \frac{1}{8}\Big(\sum_{i=1}^{i=3}(2m_i+1)^2 - 3\Big) = \frac{1}{8}(8n + 3 - 3)$$
$$= n.$$

CHAPITRE V

FORMES QUADRATIQUES ENTIÈRES A DISCRIMINANT ± 1

§ 1. Préliminaires

1.1. *Définitions.*

Soit n un entier $\geqslant 0$. On s'intéresse à la catégorie S_n suivante :

Un objet E de S_n est un *groupe abélien libre de rang* n (donc isomorphe à $\mathbf{Z}^n$) muni d'une forme bilinéaire symétrique $E \times E \rightarrow \mathbf{Z}$, notée $(x, y) \mapsto x.y$, telle que :

i) *L'homomorphisme de* E *dans* Hom (E, **Z**) *définie par la forme* $x.y$ *est un isomorphisme.*

On voit tout de suite que cette condition équivaut à la suivante (cf. Bourbaki, *Alg.*, chap. IX, § 2, prop. 3) :

ii) *Si* (e_i) *est une base de* E, *et si* $a_{ij} = e_i.e_j$, *le déterminant de la matrice* $A = (a_{ij})$ *est égal à* ± 1.

La notion d'*isomorphisme* de deux objets $E, E' \in S_n$ se définit de façon évidente : on écrit alors $E \simeq E'$. Il est commode d'introduire aussi $S = \cup S_n$, $n = 0, 1, \ldots$

Si $E \in S_n$, l'application $x \mapsto x.x$ fait de E un *module quadratique* sur **Z** (cf. chap. IV, déf. 1, nº 1.1). Si (e_i) est une base de E, et si $x = \sum x_i e_i$, la forme quadratique $f(x) = x.x$ est donnée par la formule

$$f(x) = \sum_{i,j} a_{ij} x_i x_j, \qquad \text{avec} \quad a_{ij} = e_i . e_j$$
$$= \sum_i a_{ii} x_i^2 + 2 \sum_{i<j} a_{ij} x_i x_j.$$

Les coefficients de ses termes rectangles sont donc pairs. Le discriminant de f (i.e. det (a_{ij})) est égal à $\pm$ 1. Changer la base (e_i) revient à remplacer la matrice $A = (a_{ij})$ par ${}^t BAB$, avec $B \in \mathbf{GL}(n, \mathbf{Z})$. Du point de vue de la forme f, cela revient à effectuer sur les variables (x_i) la substitution linéaire de matrice B; la forme obtenue est dite *équivalente* à la forme f. (On observera qu'il s'agit là d'équivalence *sur l'anneau* $\mathbf{Z}$ *des entiers*; c'est une notion *plus fine* que celle d'équivalence sur $\mathbf{Q}$, étudiée au chapitre précédent.)

1.2. *Opérations sur* S.

Soient $E, E' \in S$. On note $E \oplus E'$ la *somme directe* de E et de E', munie de la forme bilinéaire somme directe de celles de E et de E'; on a, par définition (cf. Bourbaki, *Alg.*, chap. IX, § 1, nº 3) :

$$(x + x').(y + y') = x.y + x'.y'$$
$$\text{si} \quad x, y \in E \quad \text{et} \quad x', y' \in E'.$$

Du point de vue « formes quadratiques », cette opération correspond à celle de *somme directe orthogonale*, notée $\widehat{\oplus}$ au chapitre IV.

On peut aussi définir le *produit tensoriel* $E \otimes E'$, ainsi que les puissances extérieures $\bigwedge^m E$ (cf. Bourbaki, *loc. cit.*, nº 9); nous n'en aurons pas besoin.

1.3. *Invariants.*

1.3.1. Si $E \in S_n$, l'entier n s'appelle le *rang* de E, et se note $r(E)$.

1.3.2. Soit $E \in S$, et soit $V = E \otimes \mathbf{R}$ le $\mathbf{R}$-espace vectoriel obtenu en étendant les scalaires de $\mathbf{Z}$ à $\mathbf{R}$. La forme quadratique de V a une *signature* (r, s) bien déterminée (cf. chap. IV, n° 2.4). L'entier

$$\tau(E) = r - s$$

est appelé *l'indice* de E. On a :

$$-r(E) \leqslant \tau(E) \leqslant r(E) \quad \text{et} \quad r(E) \equiv \tau(E) \pmod 2.$$

Rappelons que E est dite *définie* si $\tau(E) = \pm r(E)$, i.e. si $x.x$ a un signe constant; sinon, E est dite *indéfinie*.

1.3.3. Le *discriminant* de E par rapport à une base (e_i) ne dépend pas du choix de cette base; en effet, changer la base (e_i) multiplie le discriminant par

$$\det(X\,{}^tX) = \det(X)^2,$$

où X est une matrice inversible sur $\mathbf{Z}$; le déterminant de X est égal à ± 1, et son carré est égal à 1.

Le discriminant de E se note $d(E)$; on a $d(E) = \pm 1$.

Si $V = E \otimes \mathbf{R}$ est de signature (r, s), le signe de $d(E)$ est $(-1)^s$; comme $d(E) = \pm 1$, on en déduit la formule :

$$d(E) = (-1)^{(r(E) - \tau(E))/2}.$$

1.3.4. Soit $E \in S$. On dit que E est *pair* (ou *de type* II) si la forme quadratique associée à E ne prend que des valeurs paires; si A est la matrice définie par une base de E, il revient au même de dire que *tous les termes diagonaux de* A *sont pairs*.

Si E n'est pas pair, on dit que E est *impair* (ou de type I).

1.3.5. Soit $E \in S$, et soit $\overline{E} = E/2E$ la réduction de E modulo 2. C'est un espace vectoriel de dimension $r(E)$ sur le corps $\mathbf{F}_2 = \mathbf{Z}/2\mathbf{Z}$. Par passage au quotient, la forme $x.y$ définit sur $\overline{E}$ une forme $\bar{x}.\bar{y}$ qui est symétrique et de discriminant $\pm 1 = 1$. La forme quadratique associée $\bar{x}.\bar{x}$ est additive : on a

$$(\bar{x} + \bar{y}).(\bar{x} + \bar{y}) = \bar{x}.\bar{x} + \bar{y}.\bar{y} + 2\bar{x}.\bar{y} = \bar{x}.\bar{x} + \bar{y}.\bar{y};$$

c'est donc un élément du *dual* de $\bar{E}$. Mais la forme bilinéaire $\bar{x}.\bar{y}$ est non dégénérée : elle définit un isomorphisme de $\bar{E}$ sur son dual. On en conclut qu'il existe *un élément canonique* $\bar{u} \in \bar{E}$ tel que

$$\bar{u}.\bar{x} = \bar{x}.\bar{x} \qquad \text{pour tout } \bar{x} \in \bar{E}.$$

Revenant à E, on voit donc qu'il existe $u \in E$, défini modulo 2E, tel que

$$u.x \equiv x.x \pmod 2 \qquad \text{pour tout } x \in E.$$

Considérons l'entier $u.u$. Si l'on remplace u par $u + 2x$, $u.u$ est remplacé par :

$$(u + 2x).(u + 2x) = u.u + 4(u.x + x.x) \equiv u.u \pmod 8.$$

L'image de $u.u$ dans $\mathbf{Z}/8\mathbf{Z}$ est donc un *invariant* de E; on le note $\sigma(E)$. Si E est de type II, la forme $\bar{x}.\bar{x}$ est nulle (autrement dit, $\bar{x}.\bar{y}$ est *alternée*), et l'on peut prendre $u = 0$, d'où $\sigma(E) = 0$.

1.3.6. Soit p un nombre premier, et soit $V_p = E \otimes \mathbf{Q}_p$ le $\mathbf{Q}_p$-espace vectoriel déduit de E en étendant les scalaires de $\mathbf{Z}$ à $\mathbf{Q}_p$. L'invariant $\varepsilon(V_p) = \pm 1$ de V_p défini au chapitre IV, n° 2.1, est *a fortiori* un invariant de E; notons-le $\varepsilon_p(E)$. On peut démontrer que l'on a :

$$\varepsilon_p(E) = 1 \qquad \text{si } p \neq 2$$

$$\varepsilon_2(E) = (-1)^j, \qquad \text{où } j = \frac{1}{4}(d(E) + r(E) - \sigma(E) - 1).$$

Cela se voit en décomposant $E \otimes \mathbf{Z}_p$ en somme directe orthogonale de $\mathbf{Z}_p$-modules de rang 1 (resp. de rang 1 ou 2) si $p \neq 2$ (resp. si $p = 2$). Comme nous n'utiliserons pas ces formules, nous laissons le détail de la vérification au lecteur (voir aussi J. Cassels, *Comm. Math. Helv.*, 37, 1962, p. 61-64).

1.3.7. Soient $E_1, E_2 \in S$, et soit $E = E_1 \oplus E_2$. Pour que E soit de type II, il faut et il suffit que E_1 et E_2 le soient. On a :

$$r(E) = r(E_1) + r(E_2), \qquad \tau(E) = \tau(E_1) + \tau(E_2)$$
$$\sigma(E) = \sigma(E_1) + \sigma(E_2), \qquad d(E) = d(E_1) . d(E_2).$$

1.4. *Exemples.*

1.4.1. On note I_+ (resp. I_-) le $\mathbf{Z}$-module $\mathbf{Z}$ muni de la forme bilinéaire xy (resp. $-xy$) ; il correspond à la forme quadratique x^2 (resp. $-x^2$).

Si s et t sont deux entiers $\geqslant 0$, on note $sI_+ \oplus tI_-$ la somme directe de s copies de I_+ et de t copies de I_-; la forme quadratique correspondante est $\sum_{i=1}^{s} x_i^2 - \sum_{j=1}^{t} y_j^2$. Les invariants de ce module sont les suivants :

$$r = s + t, \quad \tau = s - t, \quad d = (-1)^t, \quad \sigma \equiv s - t \pmod 8.$$

A part le cas trivial où $(s, t) = (0, 0)$, le module $sI_+ \oplus tI_-$ est de type I.

1.4.2. On note U l'élément de S_2 défini par la matrice $\begin{pmatrix} 0 & 1 \\ 1 & 0 \end{pmatrix}$. La forme quadratique associée est la forme $2x_1 x_2$: U est de type II. On a

$$r(U) = 2, \qquad \tau(U) = 0, \qquad d(U) = -1, \qquad \sigma(U) = 0.$$

1.4.3. Soit k un entier $\geqslant 0$, soit $n = 4k$, et soit V l'espace vectoriel $\mathbf{Q}^n$, muni de la forme bilinéaire standard $\sum x_i y_i$, correspondant à la matrice unité. Soit E_0 le sous-groupe de V formé des points à coordonnées entières; muni de la forme bilinéaire induite par celle de V, E_0 est un élément de S_n, isomorphe à $n.I_+$. Soit E_1 le sous-module de E_0 formé des éléments x tels que $x.x \equiv 0 \pmod 2$, c'est-à-dire $\sum x_i \equiv 0 \pmod 2$. On a :

$$(E_0 : E_1) = 2.$$

Soit E le sous-module de V engendré par E_1 et par $e = (1/2, \ldots, 1/2)$. On a $2e \in E_1$ (du fait que $n \equiv 0 \pmod 4$) et $e \notin E_1$, d'où $(E : E_1) = 2$. Pour qu'un élément $x = (x_i)$ de V appartienne à E, il faut et il suffit que l'on ait :

$$2x_i \in \mathbf{Z}, \qquad x_i - x_j \in \mathbf{Z}, \qquad \sum_{i=1}^{n} x_i \in 2\mathbf{Z}.$$

On a alors $x.e = \frac{1}{2}\sum x_i \in \mathbf{Z}$; comme $e.e = k$, on en conclut que la forme $x.y$ *prend sur* E *des valeurs entières.* De plus, le fait que E_1 ait le même indice dans E_0 et dans E montre que le discriminant de E est égal à celui de E_0, c'est-à-dire à $+ 1$. Le module quadratique E est donc un élément de $S_n = S_{4k}$; on le notera Γ_n. Lorsque k est *pair* (i.e. lorsque $n \equiv 0 \pmod 8$), $e.e = k$ est pair, et on en déduit que $x.x$ est pair pour tout $x \in E$; Γ_n *est donc de type II lorsque* $n \equiv 0 \pmod 8$. On a :

$$r(\Gamma_{8m}) = 8m, \quad \tau(\Gamma_{8m}) = 8m, \quad \sigma(\Gamma_{8m}) = 0, \quad d(\Gamma_{8m}) = 1.$$

Le cas de Γ_8 est particulièrement intéressant. Il y a 240 éléments (1) $x \in \Gamma_8$ tels que $x.x = 2$; si (e_i) désigne la base canonique de $\mathbf{Q}^8$, ce sont les vecteurs

$$\pm e_i \pm e_k \quad (i \neq k) \quad \text{et} \quad \frac{1}{2}\sum_{i=1}^{8} \varepsilon_i e_i, \quad \varepsilon_i = \pm 1, \quad \prod_{i=1}^{8} \varepsilon_i = 1.$$

[Les produits scalaires mutuels de ces vecteurs sont entiers; ils forment ce que l'on appelle en théorie des groupes de Lie un « *système de racines de type* E_8 », cf. Bourbaki, *Gr. et Alg. de Lie*, chap. VI, § 4, n° 10.]

On peut prendre pour base de Γ_8 les éléments :

$$\frac{1}{2}(e_1 + e_8) - \frac{1}{2}(e_2 + \ldots + e_7),$$

$$e_1 + e_2, \quad \text{et} \quad e_i - e_{i-1} \quad (2 \leqslant i \leqslant 7).$$

(1) Plus généralement, nous verrons au chap. VII, n° 6.6, que, si N est un entier $\geqslant 1$, le nombre des $x \in \Gamma_8$ tels que $x.x = 2N$ est égal à 240 fois la somme des cubes des diviseurs de N.

La matrice correspondante est :

$$\Gamma_8 = \begin{pmatrix} 2 & 0 & -1 & 0 & 0 & 0 & 0 & 0 \\ 0 & 2 & 0 & -1 & 0 & 0 & 0 & 0 \\ -1 & 0 & 2 & -1 & 0 & 0 & 0 & 0 \\ 0 & -1 & -1 & 2 & -1 & 0 & 0 & 0 \\ 0 & 0 & 0 & -1 & 2 & -1 & 0 & 0 \\ 0 & 0 & 0 & 0 & -1 & 2 & -1 & 0 \\ 0 & 0 & 0 & 0 & 0 & -1 & 2 & -1 \\ 0 & 0 & 0 & 0 & 0 & 0 & -1 & 2 \end{pmatrix}$$

Pour $m \geqslant 2$, les vecteurs $x \in \Gamma_{8m}$ tels que $x.x = 2$ sont simplement les $\pm e_i \pm e_k$ $(i \neq k)$; on observera qu'ils *n'engendrent pas* Γ_{8m}, contrairement à ce qui se passe dans le cas $m = 1$. En particulier, $\Gamma_8 \oplus \Gamma_8$ *n'est pas isomorphe à* Γ_{16}.

1.5. *Le groupe* K(S).

Soient E, E' $\in$ S. Nous dirons que E et E' sont *stablement isomorphes* s'il existe F $\in$ S tel que $E \oplus F \simeq E' \oplus F$; c'est là une relation d'équivalence. Nous noterons $K_+(S)$ le quotient de S par cette relation, et, si E $\in$ S, nous noterons (E) la classe de E dans $K_+(S)$. L'opération $\oplus$ définit par passage au quotient une loi de composition, notée $+$, sur $K_+(S)$; cette loi est commutative, associative, et a pour élément neutre la classe 0 du module $0 \in S$. On a :

$$(E \oplus E') = (E) + (E').$$

De plus, si $x, y, z \in K_+(S)$ sont tels que $x + z = y + z$, on a $x = y$; la vérification est immédiate. Ceci permet de définir le *groupe* K(S) à partir de $K_+(S)$ (exactement comme on définit $\mathbf{Z}$ à partir de l'ensemble $\mathbf{Z}_+$ des entiers $\geqslant 0$) : par définition, un élément de K(S) est un couple (x, y), avec $x, y \in K_+(S)$, deux couples (x, y), (x', y')

étant identifiés si et seulement si l'on a $x + y' = y + x'$. La loi de composition de K(S) est définie par

$$(x,y) + (x',y') = (x + x', y + y').$$

Elle fait de K(S) un groupe commutatif, d'élément neutre $(0, 0)$. On identifie $K_+(S)$ à une partie de K(S) par l'application $x \mapsto (x, 0)$. Tout élément de K(S) est différence de deux éléments de $K_+(S)$, donc peut s'écrire sous la forme (E) — (F), avec $E, F \in S$. On a

$$(E) - (F) = (E') - (F') \qquad \text{dans } K(S)$$

si et seulement s'il existe $G \in S$ tel que

$$E \oplus F' \oplus G \simeq E' \oplus F \oplus G,$$

i.e. si et seulement si $E \oplus F'$ et $E' \oplus F$ sont stablement isomorphes.

Propriété universelle de K(S). — Soit A un groupe commutatif, et soit $f : S \to A$ une application telle que

$$f(E) = f(E_1) + f(E_2) \qquad \text{si} \qquad E \simeq E_1 \oplus E_2;$$

on dit alors que f est *additive*. Si $x = (E) - (F)$ est un élément de K(S), on pose $f(x) = f(E) - f(F)$; cela ne dépend pas de la décomposition de x choisie. Il est immédiat que l'application $f : K(S) \to A$ ainsi définie est un *homomorphisme*. Inversement, tout homomorphisme $f : K(S) \to A$ donne, par composition avec $S \to K(S)$, une fonction additive sur S. On exprime cette propriété « universelle » de K(S) en disant que K(S) est le *groupe de Grothendieck* de S, relativement à l'opération $\oplus$.

En particulier, les invariants r, τ, d, σ du n° 1.3 définissent des homomorphismes :

$$r : K(S) \to \mathbf{Z}, \qquad \tau : K(S) \to \mathbf{Z}$$
$$d : K(S) \to \{\pm 1\}, \qquad \sigma : K(S) \to \mathbf{Z}/8\mathbf{Z}.$$

On a ici encore $\tau \equiv r \bmod 2$, $d = (-1)^{(r-\tau)/2}$.

§ 2. Énoncé des résultats

2.1. *Détermination du groupe* K(S).

THÉORÈME 1. — *Le groupe* K(S) *est un groupe abélien libre de base* (I_+) *et* (I_-).

(La démonstration sera donnée au nº 3.4.)

En d'autres termes, tout $f \in K(S)$ s'écrit de façon unique sous la forme :

$$f = s.(I_+) + t.(I_-), \qquad \text{avec } s, t \in \mathbf{Z}.$$

On a $r(f) = s + t$, $\tau(f) = s - t$, ce qui montre que s et t sont déterminés par r et τ. On en conclut :

COROLLAIRE 1. — *Le couple* (r, τ) *définit un isomorphisme de* K(S) *sur le sous-groupe de* $\mathbf{Z} \times \mathbf{Z}$ *formé des éléments* (a, b) *tels que* $a \equiv b \pmod 2$.

D'où :

COROLLAIRE 2. — *Pour que deux éléments* E *et* E′ *de* S *soient stablement isomorphes, il faut et il suffit qu'ils aient même rang et même indice.*

[Noter que cela n'entraîne nullement $E \simeq E'$. Par exemple $U = \begin{pmatrix} 0 & 1 \\ 1 & 0 \end{pmatrix}$ définit dans K(S) le même élément que $\begin{pmatrix} 1 & 0 \\ 0 & -1 \end{pmatrix} = I_+ \oplus I_-$, bien que U et $I_+ \oplus I_-$ soient de types différents.]

THÉORÈME 2. — *On a* $\sigma(E) \equiv \tau(E) \pmod 8$ *pour tout* $E \in S$.

En effet, τ, réduit modulo 8, et σ sont des homomorphismes de K(S) dans $\mathbf{Z}/8\mathbf{Z}$ qui coïncident sur les générateurs I_+ et I_- de K(S) ; ils coïncident donc sur tout K(S).

COROLLAIRE 1. — *Si* E *est de type II, on a* $\tau(E) \equiv 0 \pmod 8$.

En effet, $\sigma(E) = 0$.

(Noter que ceci entraîne $r(E) \equiv 0 \mod 2$ et $d(E) = (-1)^{r(E)/2}$.)

Corollaire 2. — *Si* E *est défini et de type II, on a* $r(E) \equiv 0 \pmod 8$.

En effet, on a alors $\tau(E) = \pm r(E)$.

Remarques. — 1) Inversement, on a vu au nº 1.4 que, pour tout n multiple de 8, il existe $E \in S_n$ qui est défini positif et de type II.

2) La congruence $\sigma(E) \equiv \tau(E) \pmod 8$ peut aussi se déduire de la formule du produit $\prod \varepsilon_v(E) = 1$ (cf. chap. IV, nº 3.1), combinée avec les valeurs des $\varepsilon_p(E)$ données (sans démonstration) au nº 1.3.6.

2.2. *Théorèmes de structure (cas indéfini).*

Soit $E \in S$. Nous dirons que E *représente zéro* s'il existe $x \in E$, $x \neq 0$, tel que $x . x = 0$. Cela équivaut à dire que la forme quadratique $Q(x)$ correspondante *représente* 0 *sur* $\mathbf{Q}$, au sens du chapitre IV, nº 1.6; en effet, on passe d'un zéro rationnel à un zéro entier par homothétie.

Théorème 3. — *Si* $E \in S$ *est indéfini,* E *représente zéro.*

(La démonstration sera donnée au nº 3.1.)

Théorème 4. — *Si* $E \in S$ *est indéfini et de type I,* E *est isomorphe à* $sI_+ \oplus tI_-$, *où* s *et* t *sont des entiers* $\geqslant 1$.

[La forme quadratique correspondante est donc équivalente sur $\mathbf{Z}$ à la forme $\sum_{i=1}^{s} x_i^2 - \sum_{j=1}^{t} y_j^2$.]

(La démonstration sera donnée au nº 3.3.)

Corollaire. — *Soient* E *et* E' *deux éléments de* S *de même rang et de même indice. On a alors*

$$E \oplus I_+ \simeq E' \oplus I_+ \quad \textit{ou} \quad E \oplus I_- \simeq E' \oplus I_-.$$

C'est clair si $E = 0$. Sinon, l'un des deux modules $E \oplus I_+$, $E \oplus I_-$ est indéfini. Supposons que ce soit le premier. Comme E et E′ ont même signature, $E' \oplus I_+$ est également indéfini. En appliquant le théorème 4, on voit que $E \oplus I_+$ et $E' \oplus I_+$ sont isomorphes à $sI_+ \oplus tI_-$ et $s' I_+ \oplus t' I_-$ respectivement. Comme E et E′ ont même signature, on a $s = s'$, $t = t'$, d'où le résultat cherché.

THÉORÈME 5. — *Si* $E \in S$ *est indéfini, de type II, et si* $\tau(E) \geqslant 0$, E *est isomorphe à* $pU \oplus q\Gamma_8$, *où* p *et* q *sont des entiers* $\geqslant 0$ *convenables.*

[Lorsque $\tau(E) \leqslant 0$, on a un résultat correspondant, obtenu en appliquant le théorème au module déduit de E par changement de signe de la forme quadratique.]

(La démonstration sera donnée au nº 3.5.)

On notera que $q = \frac{1}{8}\tau(E)$ et $p = \frac{1}{2}(r(E) - \tau(E))$.

Il en résulte que E est déterminé à isomorphisme près par son rang et son indice. Comme il en est de même pour le type I (cf. th. 4), on en déduit :

THÉORÈME 6. — *Si* $E, E' \in S$ *sont indéfinis, ont même rang, même indice, et même type, ils sont isomorphes.*

2.3. *Le cas défini.*

On n'a pas de théorème de structure, mais seulement un *théorème de finitude* : pour tout entier n, S_n ne contient qu'un nombre fini de classes définies positives. Cela résulte, par exemple, de la théorie de la « réduction » des formes quadratiques. La détermination explicite de ces classes n'a été faite que pour les petites valeurs de n (pour $n \leqslant 16$, voir M. Kneser, *Archiv der Math.*, 8, 1957, p. 241-250). On peut employer pour cela la *formule de Minkowski-Siegel* (Kneser utilise une méthode différente). Voici en quoi consiste cette formule (je me borne, pour simplifier, au type II — il y a des résultats analogues pour le type I) :

Soit $n = 8k$ un entier divisible par 8. Notons C_n

l'ensemble des classes, à isomorphisme près, d'éléments $E \in S_n$ qui sont définis positifs de type II. Si $E \in C_n$, soit G_E le *groupe d'automorphismes* de E; c'est un groupe fini, puisque c'est un sous-groupe discret du groupe orthogonal, qui est compact; soit g_E l'ordre de G_E. Posons :

$$M_n = \sum_{E \in C_n} 1/g_E.$$

C'est la « masse » de C_n, au sens d'Eisenstein, i.e. le nombre des éléments E de C_n, comptés chacun avec la multiplicité $1/g_E$. La formule de Minkowski-Siegel [1] donne la valeur de M_n :

$$(*) \qquad M_n = 2^{1-8k} \frac{B_{2k}}{(4k)!} \prod_{j=1}^{j=4k-1} B_j \qquad (n = 8k)$$

où les B_j sont les *nombres de Bernoulli* ($B_1 = 1/6$, $B_2 = 1/30, \ldots$, cf. chap. VII, n° 4.1).

(Voici quelques valeurs approchées des M_n :

$$M_8 = 10^{-9} \times 1{,}4352\ldots; \quad M_{16} = 10^{-18} \times 2{,}4885\ldots;$$
$$M_{24} = 10^{-15} \times 7{,}9369\ldots; \quad M_{32} = 10^{7} \times 4{,}0309\ldots;$$
$$M_{40} = 10^{51} \times 4{,}3930\ldots)$$

Cette formule permet de prouver qu'une partie C' de C_n est *égale* à C_n : il suffit de vérifier que la somme des $1/g_E$, pour $E \in C'$, est égale à M_n (si $C' \neq C_n$, cette somme est $< M_n$).

Exemples

i) $n = 8$, i.e. $k = 1$. On a donné plus haut (n° 1.4.3) un élément Γ_8 de C_8. On peut vérifier (cf. par exemple Bourbaki, *Gr. et Alg. de Lie*, chap. VI, § 4, n° 10) que l'ordre du groupe d'automorphismes de Γ_8 est $2^{14}3^5 5^2 7$. D'autre part, la formule (*) donne $M_8 = 2^{-14}3^{-5}5^{-2}7^{-1}$.

(1) Pour une démonstration de cette formule, voir C. L. SIEGEL, *Gesamm. Abh.*, I, n° 20, et III, n° 79.

$$M_{8k} = \frac{1}{2^{8k-1}(4k)!} \prod_{i=1}^{4k} B_{d_i} \quad (d_i \text{ the degr[ees] of } D_{4k})$$

En comparant, on voit que C_8 *est réduit au seul élément* Γ_8, résultat dû à Mordell.

ii) $n = 16$. On connaît deux éléments de C_{16} : Γ_{16} et $\Gamma_8 \oplus \Gamma_8$. On peut montrer que les ordres g_E correspondants sont respectivement $2^{15}(16\,!)$ et $2^{29}3^{10}5^4 7^2$. D'autre part $M_{16} = 691.2^{-30}3^{-10}5^{-4}7^{-2}11^{-1}13^{-1}$ et il n'est pas difficile de vérifier que

$$691/2^{30}3^{10}5^4 7^2 11.13 = 1/2^{15}(16\,!) + 1/2^{29}3^{10}5^4 7^2.$$

On a donc $C_{16} = \{\Gamma_{16}, \Gamma_8 \oplus \Gamma_8\}$, résultat dû à Witt.

iii) $n = 24$. La détermination de C_{24} a été faite en 1968 par H. Niemeier; cet ensemble a 24 éléments. L'un d'eux (découvert par Leech à propos d'un problème d'empilement de sphères dans $\mathbf{R}^{24}$) est particulièrement remarquable; c'est le seul élément de C_{24} qui ne contienne aucun vecteur x avec $x.x = 2$. Son groupe d'automorphismes G est d'ordre :

$$2^{22}3^9 5^4 7^2 11.13.23 = 8\,315\,553\,613\,086\,720\,000.$$

Le quotient $G/\{\pm 1\}$ est le nouveau groupe simple trouvé par Conway ([1]).

iv) $n = 32$. Comme $M_{32} > 4.10^7$ et que $g_E \geqslant 2$ pour tout E, on voit que C_{32} a plus de 80 millions d'éléments; la liste n'en a pas été faite.

§ 3. Démonstrations

3.1. *Démonstration du théorème 3.*

Soit $E \in S_n$, et soit $V = E \otimes \mathbf{Q}$ le $\mathbf{Q}$-espace vectoriel correspondant. On suppose E indéfini, et il faut montrer que E (ou V, cela revient au même) représente 0. On distingue plusieurs cas :

i) $n = 2$. La signature de V est alors $(1, 1)$, d'où

([1]) Cf. J. H. Conway, *Proc. Nat. Acad. Sci. U.S.A.*, 61, 1968, p. 398-400, ainsi que *Invent. Math.*, 7, 1969, p. 137-142.

$d(E) = -1$. Comme $-d(E)$ est un carré dans $\mathbf{Q}$, il est clair que V représente 0.

ii) $n = 3$. Soit $f(X_1, X_2, X_3) = \sum a_{ij} X_i X_j$ la forme quadratique correspondant à une base de E; on a $a_{ij} \in \mathbf{Z}$ et $\det(a_{ij}) = \pm 1$. Si p est un nombre premier $\neq 2$, la forme déduite de f par réduction modulo p a un zéro non trivial (chap. I, nº 2.2), et ce zéro se relève en un zéro p-adique (chap. II, nº 2.2, cor. 2 au th. 1). Ainsi f représente 0 sur tous les $\mathbf{Q}_p$ $(p \neq 2)$, ainsi que sur $\mathbf{R}$; d'après le corollaire 3 au théorème 8 du chapitre IV, nº 3.2, il en résulte que f représente 0 sur $\mathbf{Q}$.

iii) $n = 4$. Le même argument que ci-dessus montre que la forme quadratique f représente 0 sur tous les $\mathbf{Q}_p$, $p \neq 2$, ainsi que sur $\mathbf{R}$. Si le discriminant $d(E)$ de f est égal à 1, cela suffit à entraîner que f représente 0 sur $\mathbf{Q}$ (cor. 3 au th. 8 du chap. IV, nº 3.2). Sinon, on a

$$d(E) = -1$$

et $d(E)$ n'est pas un carré dans $\mathbf{Q}_2$; d'après le théorème 6 du nº 2.2 du chapitre IV, il en résulte que f représente 0 sur $\mathbf{Q}_2$; le théorème de Hasse-Minkowski (chap. IV, nº 3.2, th. 8) montre alors que f représente 0 sur $\mathbf{Q}$.

iv) $n \geqslant 5$. On applique le théorème de Meyer (chap. IV, nº 3.2, cor. 2 au th. 8).

3.2. *Lemmes.*

Soit $E \in S$ et soit F un sous-module de E; soit F′ l'ensemble des éléments de E orthogonaux aux éléments de F.

Lemme 1. — *Pour que* F, *muni de la forme* $x.y$ *induite par celle de* E, *appartienne à* S, *il faut et il suffit que* E *soit somme directe de* F *et de* F′.

Si $E = F \oplus F'$, on a $d(E) = d(F).d(F')$, d'où $d(F) = \pm 1$. Réciproquement, si $d(F) = \pm 1$, on a évidemment $F \cap F' = 0$; de plus, si $x \in E$, la forme linéaire $y \mapsto x.y$ $(y \in F)$ est définie par un élément $x_0 \in F$. On a alors $x = x_0 + x_1$, avec $x_0 \in F$ et $x_1 \in F'$, d'où $E = F \oplus F'$.

LEMME 2. — *Soit* $x \in E$ *tel que* $x.x = \pm 1$, *et soit* X *l'orthogonal de* x *dans* E. *Si* $D = \mathbf{Z}x$, *on a* $E = D \oplus X$.

On applique le lemme 1 avec $F = D$.

(Si, par exemple, $x.x = 1$, on a $D \simeq I_+$, d'où $E \simeq I_+ \oplus X$.)

Un élément $x \in E$ est dit *indivisible* s'il n'appartient à aucun des sous-groupes nE $(n \geqslant 2)$, autrement dit si on ne peut le diviser par aucun entier $\geqslant 2$. Tout élément non nul de E s'écrit de manière unique sous la forme mx, avec $m \geqslant 1$ et x indivisible.

LEMME 3. — *Si* x *est un élément indivisible de* E, *il existe* $y \in E$ *tel que* $x.y = 1$.

Soit f_x la forme linéaire $y \mapsto x.y$ définie par x. C'est un homomorphisme de E dans **Z**. De plus, f_x est *indivisible*, puisque x l'est et que $x.y$ définit un isomorphisme de E sur son dual Hom (E, **Z**). On en conclut que f_x est surjective (sinon, on pourrait la diviser par un entier $\geqslant 2$), et il existe donc $y \in E$ tel que $x.y = 1$.

3.3. *Théorème de structure (cas indéfini impair* [1]*).*

LEMME 4. — *Soit* $E \in S_n$. *Supposons* E *indéfini et de type I. Il existe alors* $F \in S_{n-2}$ *tel que* $E \simeq I_+ \oplus I_- \oplus F$.

D'après le théorème 3, il existe $x \in E$, $x \neq 0$, tel que $x.x = 0$. Quitte à diviser x par un entier convenable, on peut supposer x indivisible; d'après le lemme 3 ci-dessus, il existe alors $y \in E$ tel que $x.y = 1$. On peut choisir y de telle sorte que $y.y$ soit *impair*. En effet, supposons que $y.y$ soit pair; puisque E est de type I, il existe $t \in E$ tel que $t.t$ soit impair. Posons $y' = t + ky$, et

[1] La méthode suivie dans ce numéro m'a été indiquée par Milnor, ainsi que l'idée d'introduire le groupe K(S).

choisissons k de telle sorte que $x.y = 1$, i.e. $k = 1 - x.t$; on a $y'.y' \equiv t.t \pmod 2$, et $y'.y'$ est impair. On peut donc supposer que $y.y = 2m + 1$. Posons alors

$$e_1 = y - mx, \qquad e_2 = y - (m+1)\,x.$$

On constate immédiatement que $e_1.e_1 = 1$, $e_1.e_2 = 0$, $e_2.e_2 = -1$. Le sous-module G de E engendré par (e_1, e_2) est isomorphe à $I_+ \oplus I_-$; d'après le lemme 1, on a donc $E \simeq I_+ \oplus I_- \oplus F$, avec $F \in S_{n-2}$.

Démonstration du théorème 4. — On raisonne par récurrence sur n. Soit $E \in S_n$, avec E indéfini et de type I. D'après le lemme 4, $E \simeq I_+ \oplus I_- \oplus F$. Si $n = 2$, on a $F = 0$, et le théorème est démontré. Si $n > 2$, on a $F \neq 0$, et l'un des modules $I_+ \oplus F$, $I_- \oplus F$ est indéfini; supposons par exemple que ce soit le premier. Comme I_+ est de type I, il en est de même de $I_+ \oplus F$, et l'hypothèse de récurrence montre que $I_+ \oplus F$ est de la forme $aI_+ \oplus bI_-$; d'où :

$$E \simeq aI_+ \oplus (b+1)\,I_-.$$

3.4. *Détermination du groupe* K(S).

Soit $E \in S$, $E \neq 0$. Alors $E \oplus I_+$ ou $E \oplus I_-$ est indéfini et de type I. Appliquant le théorème 4, on en déduit que l'image de E dans K(S) est combinaison linéaire de (I_+) et de (I_-). Il s'ensuit que (I_+) et (I_-) engendrent K(S). Comme leurs images par l'homomorphisme

$$(r, \tau) : K(S) \to \mathbf{Z} \times \mathbf{Z}$$

sont linéairement indépendantes, (I_+) et (I_-) forment une base de K(S).

3.5. *Théorème de structure (cas indéfini pair).*

Lemme 5. — *Soit* $E \in S$. *Supposons* E *indéfini et de type II. Il existe alors* $F \in S$ *tel que* $E \simeq U \oplus F$.

On procède comme dans la démonstration du lemme 4. On choisit d'abord un $x \in \mathrm{E}$, $x \neq 0$, x indivisible, tel que $x.x = 0$; on choisit ensuite un $y \in \mathrm{E}$ tel que $x.y = 1$. Si $y.y = 2m$, on remplace y par $y - mx$ et l'on obtient un nouvel y tel que $y.y = 0$. Le sous-module G de E engendré par (x, y) est alors isomorphe à U; d'après le lemme 1, on a $\mathrm{E} \simeq \mathrm{U} \oplus \mathrm{F}$, avec $\mathrm{F} \in \mathrm{S}$.

LEMME 6. — *Soient* $\mathrm{F}_1, \mathrm{F}_2 \in \mathrm{S}$. *Supposons que* F_1 *et* F_2 *soient de type II, et que* $\mathrm{I}_+ \oplus \mathrm{I}_- \oplus \mathrm{F}_1 \simeq \mathrm{I}_+ \oplus \mathrm{I}_- \oplus \mathrm{F}_2$. *Alors* $\mathrm{U} \oplus \mathrm{F}_1 \simeq \mathrm{U} \oplus \mathrm{F}_2$.

Pour simplifier les notations, on posera $\mathrm{W} = \mathrm{I}_+ \oplus \mathrm{I}_-$, $\mathrm{E}_i = \mathrm{W} \oplus \mathrm{F}_i$, $\mathrm{V}_i = \mathrm{E}_i \otimes \mathbf{Q}$. Dans E_i, soit E_i^0 le sous-groupe formé des éléments x tels que $x.x \equiv 0 \pmod 2$; c'est un sous-groupe d'indice 2 de E_i. On voit tout de suite qu'on a $\mathrm{E}_i^0 = \mathrm{W}^0 \oplus \mathrm{F}_i$, où W^0 est l'ensemble des éléments $x = (x_1, x_2)$ de W tels que $x_1 \equiv x_2 \pmod 2$. Soit E_i^+ le « dual » de E_i^0 dans V_i, c'est-à-dire l'ensemble des $y \in \mathrm{V}_i$ tels que $x.y \in \mathbf{Z}$ pour tout $x \in \mathrm{E}_i^0$. Il est clair que $\mathrm{E}_i^+ = \mathrm{W}^+ \oplus \mathrm{F}_i$, où W^+ est l'ensemble des (x_1, x_2) tels que $2x_1 \in \mathbf{Z}$, $2x_2 \in \mathbf{Z}$, $x_1 - x_2 \in \mathbf{Z}$. On a $\mathrm{E}_i^0 \subset \mathrm{E}_i \subset \mathrm{E}_i^+$, et le quotient $\mathrm{E}_i^+/\mathrm{E}_i^0$ est isomorphe à $\mathrm{W}^+/\mathrm{W}_0$; c'est un groupe de type (2, 2). Il existe donc trois sous-groupes strictement compris entre E_i^0 et E_i^+; ils correspondent aux trois sous-groupes d'ordre 2 d'un groupe de type (2, 2). L'un d'eux est E_i lui-même; les deux autres seront notés E'_i et E''_i. Ici encore, on a :

$$\mathrm{E}'_i = \mathrm{W}' \oplus \mathrm{F}_i, \qquad \mathrm{E}''_i = \mathrm{W}'' \oplus \mathrm{F}_i$$

où W' et W'' sont définis de façon évidente. On constate immédiatement que W' et W'' sont isomorphes à U (on peut par exemple prendre pour base de W' les vecteurs $a = (1/2, 1/2)$, $b = (1, -1)$; on a $a.a = b.b = 0$, $a.b = 1$; pour W'' on prend $(1/2, -1/2)$ et $(1, 1)$). Soit alors $f : \mathrm{W} \oplus \mathrm{F}_1 \to \mathrm{W} \oplus \mathrm{F}_2$ un isomorphisme. Il se prolonge en un isomorphisme de V_1 sur V_2, qui applique

E_1 sur E_2, donc aussi E_1^0 sur E_2^0 et E_1^+ sur E_2^+ vu les définitions de ces sous-groupes. Il applique donc aussi (E_1', E_1'') soit sur (E_2', E_2''), soit sur (E_2'', E_2'). Comme E_i' et E_i'' sont isomorphes à $U \oplus F_i$, on voit bien que $U \oplus F_1 \simeq U \oplus F_2$.

Démonstration du théorème 5. — On va d'abord prouver que, *si* $E_1, E_2 \in S$ *sont indéfinis, de type II, et ont même rang et même indice, ils sont isomorphes.* D'après le lemme 5, on a $E_1 = U \oplus F_1$, $E_2 = U \oplus F_2$; il est clair que F_1 et F_2 sont de type II et ont même rang et même indice. Les modules $I_+ \oplus I_- \oplus F_1$ et $I_+ \oplus I_- \oplus F_2$ sont indéfinis, de type I, de même rang et de même indice. D'après le théorème 4, ils sont isomorphes. Appliquant le lemme 6, on voit alors que E_1 et E_2 sont isomorphes, ce qui démontre notre assertion.

Le théorème 5 est maintenant immédiat : si E est défini, de type II, et si $\tau(E) \geqslant 0$, on détermine des entiers p et q par les formules

$$q = \frac{1}{8}\,\tau(E), \qquad p = \frac{1}{2}\,(r(E) - \tau(E)).$$

En appliquant le résultat ci-dessus aux modules E et $pU \oplus q\Gamma_8$, on voit que ces modules sont isomorphes.

DEUXIÈME PARTIE

MÉTHODES ANALYTIQUES

CHAPITRE VI

LE THÉORÈME DE LA PROGRESSION ARITHMÉTIQUE

Le but de ce chapitre est de démontrer le théorème suivant, conjecturé (et utilisé) par Legendre, et prouvé par Dirichlet :

THÉORÈME. — *Soient a et m des entiers $\geqslant 1$, premiers entre eux. Il existe une infinité de nombres premiers p tels que* $p \equiv a \pmod{m}$.

La méthode suivie (qui est celle de Dirichlet lui-même) utilise les propriétés des *fonctions* L.

§ 1. Caractères des groupes abéliens finis

1.1. *Dualité.*

Soit G un groupe abélien fini, noté multiplicativement.

DÉFINITION 1. — *On appelle caractère de* G *tout homomorphisme de* G *dans le groupe multiplicatif* $\mathbf{C}^*$ *des nombres complexes.*

Les caractères de G forment un groupe Hom (G, $\mathbf{C}^*$) que l'on note $\hat{G}$ et que l'on appelle le *dual* de G.

Exemple. — Supposons que G soit *cyclique d'ordre* n, de générateur s. Si $\chi : G \to \mathbf{C}^*$ est un caractère de G, l'élément $w = \chi(s)$ vérifie la relation $w^n = 1$, i.e. est une racine n-ième de l'unité. Inversement, toute racine n-ième de l'unité w définit un caractère de G au moyen de $s^a \mapsto w^a$. On voit ainsi que l'application $\chi \mapsto \chi(s)$ est un *isomorphisme de* $\hat{G}$ *sur le groupe* μ_n *des racines n-ièmes de l'unité*; en particulier, $\hat{G}$ est cyclique d'ordre n.

PROPOSITION 1. — *Soit* H *un sous-groupe de* G. *Tout caractère de* H *peut être prolongé en un caractère de* G.

On raisonne par récurrence sur *l'indice* (G : H) de H dans G. Si $(G : H) = 1$, on a $H = G$, et il n'y a rien à démontrer. Sinon, soit x un élément de G n'appartenant pas à H, et soit n le plus petit entier > 1 tel que $x^n \in H$. Soit χ un caractère de H, et soit $t = \chi(x^n)$. Puisque $\mathbf{C}^*$ est un groupe *divisible*, on peut choisir un élément $w \in \mathbf{C}^*$ tel que $w^n = t$. Soit H′ le sous-groupe de G engendré par H et x; tout élément de H′ s'écrit $h' = hx^a$, avec $a \in \mathbf{Z}$ et $h \in H$. Posons

$$\chi'(h') = \chi(h)\, w^a.$$

On vérifie aussitôt que ce nombre ne dépend pas de la décomposition hx^a de h', et que $\chi' : H' \to \mathbf{C}^*$ est un caractère de H′ prolongeant χ. Comme $(G : H') < (G : H)$, l'hypothèse de récurrence permet de prolonger χ' en un caractère de G tout entier.

Remarque. — L'opération de *restriction* définit un homomorphisme

$$\rho : \hat{G} \to \hat{H}$$

et la proposition 1 dit que ρ est surjectif. D'autre part, le noyau de ρ est formé des caractères de G qui sont triviaux sur H; il est donc isomorphe au groupe $(G/H)^\wedge$ dual de G/H. D'où la *suite exacte* :

$$\{1\} \to (G/H)^\wedge \to \hat{G} \to \hat{H} \to \{1\}.$$

PROPOSITION 2. — *Le groupe* $\hat{G}$ *est un groupe abélien fini de même ordre que* G.

On raisonne par récurrence sur l'ordre n de G, le cas $n = 1$ étant trivial. Si $n \geqslant 2$, on choisit un sous-groupe cyclique H non trivial de G. D'après la remarque ci-dessus, l'ordre de $\hat{G}$ est le produit des ordres de $\hat{H}$ et de $(G/H)^\wedge$. Mais l'ordre de H (resp. de G/H) est égal à celui de son dual, puisque H est cyclique (resp. puisque G/H est d'ordre strictement plus petit que n). On en conclut que l'ordre de $\hat{G}$ est produit des ordres de H et de G/H, et il est bien égal à l'ordre de G.

Remarque. — On peut prouver un résultat un peu plus précis : $\hat{G}$ *est isomorphe* (non canoniquement en général) *à* G. Cela se démontre en décomposant G en produit de groupes cycliques.

Si $x \in G$, l'application $\chi \mapsto \chi(x)$ est un caractère de $\hat{G}$. On obtient ainsi un homomorphisme $\varepsilon : G \to \hat{\hat{G}}$.

Proposition 3. — *L'homomorphisme* ε *est un isomorphisme de* G *sur son bidual* $\hat{\hat{G}}$.

Puisque G et $\hat{\hat{G}}$ ont même ordre, il suffit de montrer que ε est injectif, i.e. que, si x est un élément $\neq 1$ de G, il existe un caractère χ de G tel que $\chi(x) \neq 1$. Or, soit H le sous-groupe cyclique de G engendré par x. Il est clair (cf. exemple ci-dessus) qu'il existe un caractère χ de H tel que $\chi(x) \neq 1$, et la proposition 1 permet de prolonger χ en un caractère de G. D'où le résultat cherché.

1.2. *Relations d'orthogonalité.*

Proposition 4. — *Soit* $n = \text{Card}\,(G)$, *et soit* $\chi \in \hat{G}$. *On a* :

$$\sum_{x \in G} \chi(x) = n \quad \textit{si} \quad \chi = 1$$

$$= 0 \quad \textit{si} \quad \chi \neq 1.$$

La première formule est évidente. Pour prouver la deuxième, choisissons $y \in G$ tel que $\chi(y) \neq 1$. On a :

$$\chi(y) \sum_{x \in G} \chi(x) = \sum_{x \in G} \chi(xy) = \sum_{x \in G} \chi(x),$$

d'où

$$(\chi(y) - 1) \sum_{x \in G} \chi(x) = 0.$$

Comme $\chi(y) \neq 1$, on en déduit bien $\sum_{x \in G} \chi(x) = 0$.

Corollaire. — *Soit* $x \in G$. *On a :*

$$\begin{aligned} \sum_{\chi \in \hat{G}} \chi(x) &= n \quad \textit{si} \quad x = 1 \\ &= 0 \quad \textit{si} \quad x \neq 1. \end{aligned}$$

Cela résulte de la proposition 4, appliquée au groupe $\hat{G}$.

Remarque. — Les résultats précédents sont des cas particuliers des « relations d'orthogonalité » de la théorie des caractères des groupes finis (non nécessairement abéliens).

1.3. *Caractères modulaires.*

Soit m un entier $\geqslant 1$. Nous noterons $G(m)$ le groupe multiplicatif $(\mathbf{Z}/m\mathbf{Z})^*$ des éléments inversibles de l'anneau $\mathbf{Z}/m\mathbf{Z}$. C'est un groupe abélien fini d'ordre $\varphi(m)$, où $\varphi(m)$ est l'indicateur d'Euler de m, cf. chapitre I, n° 1.2. Un élément χ du dual de $G(m)$ est appelé un *caractère modulo m*; on peut le considérer comme une fonction définie sur l'ensemble des entiers premiers à m, à valeurs dans $\mathbf{C}^*$, et vérifiant la relation $\chi(ab) = \chi(a)\,\chi(b)$; on convient de prolonger cette fonction à $\mathbf{Z}$ tout entier, en posant $\chi(a) = 0$ si a n'est pas premier à m.

Exemples

1) $m = 4$; le groupe $G(4)$ a deux éléments, donc a un unique caractère non trivial, qui est $x \mapsto (-1)^{\varepsilon(x)}$, cf. chapitre I, n° 3.2.

2) $m = 8$; le groupe G(8) a quatre éléments. Il a trois caractères non triviaux, qui sont

$$x \mapsto (-1)^{\varepsilon(x)}, \quad (-1)^{\omega(x)}, \quad (-1)^{\varepsilon(x)+\omega(x)},$$

cf. chapitre I, nº 3.2.

3) $m = p$, avec p premier $\neq 2$. Le groupe G(p) est cyclique d'ordre $p - 1$, donc a un seul caractère d'ordre 2, le caractère de Legendre $x \mapsto (\frac{x}{p})$.

4) $m = 7$. Le groupe G(7) est cyclique d'ordre 6, donc a deux caractères d'ordre 3, qui sont imaginaires conjugués. L'un d'eux est donné par

$$\begin{array}{lll} \chi(x) = 1 & \text{si } x \equiv \pm 1 & (\text{mod } 7) \\ \chi(x) = e^{2\pi i/3} & \text{si } x \equiv \pm 2 & (\text{mod } 7) \\ \chi(x) = e^{4\pi i/3} & \text{si } x \equiv \pm 3 & (\text{mod } 7). \end{array}$$

Les caractères d'ordre 2 sont étroitement liés aux caractères de Legendre. Plus précisément :

PROPOSITION 5. — *Soit a un entier non nul sans facteurs carrés* (cf. chap. IV, nº 3.2), *et soit* $m = 4\,|a|$. *Il existe alors un caractère χ_a modulo m et un seul tel que* $\chi_a(p) = (\frac{a}{p})$ *pour tout nombre premier p ne divisant pas m. On a* $\chi_a^2 = 1$ *et* $\chi_a \neq 1$ *si* $a \neq 1$.

L'unicité de χ_a est évidente, puisque tout entier premier à m est produit de nombres premiers ne divisant pas m; il en est de même du fait que $\chi_a^2 = 1$.

Pour démontrer l'existence de χ_a, supposons d'abord que a soit de la forme $\ell_1 \ldots \ell_k$, où les ℓ_i sont des nombres premiers distincts, et différents de 2. On prend alors pour χ_a le caractère

$$\chi_a(x) = (-1)^{\varepsilon(x)\,\varepsilon(a)} \left(\frac{x}{\ell_1}\right) \ldots \left(\frac{x}{\ell_k}\right).$$

Si p est un nombre premier distinct de 2 et des ℓ_i, la loi de réciprocité quadratique montre que

$$\chi_a(p) = \left(\frac{\ell_1}{p}\right) \dots \left(\frac{\ell_k}{p}\right) = \left(\frac{a}{p}\right),$$

et χ_a répond bien à la question.

Lorsque a est de la forme $-b$ (ou $2b$, ou $-2b$), avec $b = \ell_1 \dots \ell_k$ comme ci-dessus, on prend pour χ_a le produit de χ_b avec le caractère $(-1)^{\varepsilon(x)}$ (ou $(-1)^{\omega(x)}$, ou $(-1)^{\varepsilon(x)+\omega(x)}$). Cette construction explicite de χ_a montre en même temps que $\chi_a \neq 1$ si $a \neq 1$.

Remarque. — On peut montrer que, si x est un entier > 0 premier à m, on a

$$\chi_a(x) = \prod_{\ell \mid m} (a, x)_\ell = \prod_{(\ell, m) = 1} (a, x)_\ell,$$

où $(a, x)_\ell$ désigne le symbole de Hilbert de a et x, dans le corps $\mathbf{Q}_\ell$. On aurait d'ailleurs pu utiliser cette formule pour définir χ_a.

§ 2. Séries de Dirichlet

2.1. *Lemmes.*

LEMME 1. — *Soit* U *un ouvert de* $\mathbf{C}$, *et soit* f_n *une suite de fonctions holomorphes sur* U *qui convergent uniformément sur tout compact vers une fonction* f. *La fonction* f *est alors holomorphe dans* U, *et les dérivées* f_n' *des* f_n *convergent uniformément sur tout compact vers la dérivée* f' *de* f.

Rappelons brièvement la démonstration :

Soit D un disque fermé contenu dans U, et soit C son bord, orienté à la façon habituelle. D'après la formule de Cauchy, on a

$$f_n(z_0) = \frac{1}{2i\pi} \int_C \frac{f_n(z)}{z - z_0}\, dz$$

pour tout z_0 intérieur à D. En passant à la limite, on en déduit :

$$f(z_0) = \frac{1}{2i\pi}\int_C \frac{f(z)}{z - z_0}\, dz,$$

ce qui montre que f est holomorphe dans l'intérieur de D, d'où la première partie du lemme. La seconde se démontre de la même manière, en utilisant la formule :

$$f'(z_0) = -\frac{1}{2i\pi}\int_C \frac{f(z)}{(z - z_0)^2}\, dz.$$

LEMME 2 (lemme d'Abel). — *Soient* (a_n) *et* (b_n) *deux suites. Posons* :

$$A_{m,p} = \sum_{n=m}^{n=p} a_n \qquad et \qquad S_{m,m'} = \sum_{n=m}^{n=m'} a_n b_n.$$

On a alors :

$$S_{m,m'} = \sum_{n=m}^{n=m'-1} A_{m,n}(b_n - b_{n+1}) + A_{m,m'} b_{m'}.$$

Démonstration. — On remplace a_n par $A_{m,n} - A_{m,n-1}$ et on regroupe les termes.

LEMME 3. — *Soient* α, β *deux nombres réels, avec* $0 < \alpha < \beta$. *Soit* $z = x + iy$, *avec* $x, y \in \mathbf{R}$ *et* $x > 0$. *On a* :

$$|e^{-\alpha z} - e^{-\beta z}| \leqslant \left|\frac{z}{x}\right| (e^{-\alpha x} - e^{-\beta x}).$$

Démonstration. — On écrit :

$$e^{-\alpha z} - e^{-\beta z} = -z\int_\alpha^\beta e^{-tz}\, dt$$

d'où, en passant aux valeurs absolues :

$$|e^{-\alpha z} - e^{-\beta z}| \leqslant |z| \int_\alpha^\beta e^{-tx}\, dt = \frac{|z|}{x}(e^{-\alpha x} - e^{-\beta x}).$$

2.2. *Séries de Dirichlet.*

On se donne une suite strictement croissante (λ_n) de nombres réels tendant vers $+\infty$. Pour simplifier, on suppose que les λ_n sont positifs (ce n'est pas essentiel, car on peut toujours se ramener à ce cas en supprimant un nombre fini de termes des séries considérées).

On appelle série de Dirichlet d'exposants (λ_n) une série de la forme :

$$\sum a_n e^{-\lambda_n z} \qquad (a_n \in \mathbf{C},\ z \in \mathbf{C}).$$

Exemples

a) $\lambda_n = \log n$ (séries de Dirichlet proprement dites). On écrit alors la série sous la forme $\sum a_n/n^z$, cf. nº 2.4.

b) $\lambda_n = n$. En posant $t = e^{-z}$, on est ramené aux séries entières en t.

Remarque. — La notion de série de Dirichlet est un cas particulier de celle de transformée de Laplace d'une mesure μ. On appelle ainsi la fonction

$$\int_0^\infty e^{-zt}\mu(t).$$

Le cas considéré ici est celui où μ est une mesure discrète. (Pour plus de détails, cf. par exemple D. Widder, *The Laplace Transform*, Princeton Univ. Press, 1946.)

PROPOSITION 6. — *Si la série* $f(z) = \sum a_n e^{-\lambda_n z}$ *converge pour* $z = z_0$, *elle converge uniformément dans tout domaine de la forme* $\mathrm{R}(z - z_0) \geqslant 0$, $\mathrm{Arg}\,(z - z_0) \leqslant \alpha$, *avec* $\alpha < \pi/2$.

(Ici, et dans toute la suite, on désigne par $\mathrm{R}(z)$ la *partie réelle* du nombre complexe z.)

Quitte à effectuer une translation sur z, on peut supposer que $z_0 = 0$. L'hypothèse signifie alors que la série $\sum a_n$ est convergente. Il nous faut prouver qu'il y a convergence uniforme dans tout domaine de la forme $\mathrm{R}(z) \geqslant 0$, $|z|/\mathrm{R}(z) \leqslant k$. Soit $\varepsilon > 0$. Puisque la série $\sum a_n$

converge, il y a un N tel que, si $m, m' \geqslant N$, on a $|A_{m,m'}| \leqslant \varepsilon$ (les notations étant celles du lemme 2). Appliquant le lemme en question avec $b_n = e^{-\lambda_n z}$, on obtient :

$$S_{m,m'} = \sum_{m}^{m'-1} A_{m,n}(e^{-\lambda_n z} - e^{-\lambda_{n+1} z}) + A_{m,m'} e^{-\lambda_{m'} z}.$$

En posant $z = x + iy$, et en appliquant le lemme 3, on trouve (pour $m, m' \geqslant N$) :

$$|S_{m,m'}| \leqslant \varepsilon\left(1 + \frac{|z|}{x} \sum_{m}^{m'-1} (e^{-\lambda_n x} - e^{-\lambda_{n+1} x})\right)$$

c'est-à-dire :

$$|S_{m,m'}| \leqslant \varepsilon(1 + k(e^{-\lambda_m x} - e^{-\lambda_{m'} x}))$$

d'où :

$$|S_{m,m'}| \leqslant \varepsilon(1 + k)$$

et la convergence uniforme est évidente.

Corollaire 1. — *Si f converge pour $z = z_0$, elle converge pour* $R(z) > R(z_0)$, *et la fonction ainsi définie est holomorphe.*

Cela résulte de la proposition 6 et du lemme 1.

Corollaire 2. — *L'ensemble de convergence de la série f contient un demi-plan ouvert maximal* (appelé *demi-plan de convergence*).

(Par abus de langage, on considère $\varnothing$ et $\mathbf{C}$ comme des demi-plans ouverts.)

Si le demi-plan de convergence est donné par $R(z) > \rho$, on dit que ρ est *l'abscisse de convergence* de la série considérée.

(Les cas $\varnothing$ et $\mathbf{C}$ correspondent respectivement à $\rho = +\infty$ et $\rho = -\infty$.)

Le demi-plan de convergence de la série $\sum |a_n| e^{-\lambda_n z}$ est appelé (pour des raisons évidentes) le *demi-plan de convergence absolue* de f; son abscisse de convergence est notée ρ^+. Lorsque $\lambda_n = n$ (cas des séries entières), on sait que $\rho = \rho^+$. Il n'en est pas de même en général. Par exemple, la série L la plus simple :

$$L(z) = 1 - 1/3^z + 1/5^z - 1/7^z + \ldots$$

correspond à $\rho = 0$ et $\rho^+ = 1$, comme on le verra par la suite.

Corollaire 3. — *$f(z)$ converge vers $f(z_0)$ lorsque $z \to z_0$ en restant dans le domaine* $R(z - z_0) \geqslant 0$, $|\operatorname{Arg}(z - z_0)| \leqslant \alpha$, *avec* $\alpha < \pi/2$.

Cela résulte de la convergence uniforme, et du fait que $e^{-\lambda_n z}$ tend vers $e^{-\lambda_n z_0}$.

Corollaire 4. — *La fonction f ne peut être identiquement nulle que si tous les coefficients a_n sont nuls.*

Montrons que a_0 est nul. On multiplie f par $e^{\lambda_0 z}$, et l'on fait tendre z vers $+\infty$ (avec z réel, par exemple). La convergence uniforme montre que $e^{\lambda_0 z} f$ tend alors vers a_0, d'où $a_0 = 0$. On procède de même pour a_1, etc.

2.3. *Séries de Dirichlet à coefficients positifs.*

Proposition 7. — *Soit $f = \sum a_n e^{-\lambda_n z}$ une série de Dirichlet dont les coefficients a_n sont réels $\geqslant 0$. Supposons que f converge pour* $R(z) > \rho$, *avec* $\rho \in \mathbf{R}$, *et que la fonction f puisse être prolongée analytiquement en une fonction holomorphe au voisinage du point $z = \rho$. Il existe alors un nombre $\varepsilon > 0$ tel que f converge pour* $R(z) > \rho - \varepsilon$.

(En d'autres termes : le domaine de convergence de f est limité par une *singularité* de f située sur l'axe réel.)

Démonstration. — Quitte à remplacer z par $z - \rho$, on peut supposer que $\rho = 0$. Puisque f est holomorphe à la fois pour $R(z) > 0$ et dans un voisinage de 0, elle est holomorphe dans un disque $|z - 1| \leqslant 1 + \varepsilon$, avec $\varepsilon > 0$. En particulier, sa série de Taylor converge dans ce disque. Or, d'après le lemme 1, la dérivée p-ième de f est donnée par la formule

$$f^{(p)}(z) = \sum_n a_n (-\lambda_n)^p e^{-\lambda_n z} \qquad \text{pour} \quad R(z) > 0 \ ;$$

d'où :

$$f^{(p)}(1) = (-1)^p \sum_n \lambda_n^p a_n e^{-\lambda_n}.$$

La série de Taylor en question s'écrit :

$$f(z) = \sum_{p=0}^{\infty} \frac{1}{p!} (z-1)^p f^{(p)}(1), \qquad |z-1| \leqslant 1 + \varepsilon.$$

En particulier, pour $z = -\varepsilon$, on a :

$$f(-\varepsilon) = \sum_{p=0}^{\infty} \frac{1}{p!} (1+\varepsilon)^p (-1)^p f^{(p)}(1),$$

la série étant convergente.

Mais $(-1)^p f^{(p)}(1) = \sum_n \lambda_n^p a_n e^{-\lambda_n}$ est une série convergente à termes $\geqslant 0$. Il s'ensuit que la série double à termes positifs

$$f(-\varepsilon) = \sum_{p,n} a_n \frac{1}{p!} (1+\varepsilon)^p \lambda_n^p e^{-\lambda_n}$$

converge. Or, en regroupant les termes, on peut l'écrire :

$$\begin{aligned} f(-\varepsilon) &= \sum_n a_n e^{-\lambda_n} \sum_{p=0}^{\infty} \frac{1}{p!} (1+\varepsilon)^p \lambda_n^p \\ &= \sum_n a_n e^{-\lambda_n} e^{\lambda_n(1+\varepsilon)} = \sum_n a_n e^{\lambda_n \varepsilon}, \end{aligned}$$

ce qui montre que la série de Dirichlet donnée converge pour $z = -\varepsilon$, donc aussi pour $R(z) > -\varepsilon$, c.q.f.d.

2.4. *Séries de Dirichlet proprement dites.*

C'est le cas $\lambda_n = \log n$. Les séries correspondantes s'écrivent

$$f(s) = \sum_{n=1}^{\infty} a_n / n^s,$$

la notation s étant traditionnelle pour désigner la variable.

Proposition 8. — *Si les* a_n *sont bornés, il y a convergence absolue pour* $R(s) > 1$.

Cela résulte de la convergence bien connue de $\sum_{n=1}^{\infty} 1/n^\alpha$ pour $\alpha > 1$.

Proposition 9. — *Si les sommes partielles* $A_{m,p} = \sum_{m}^{p} a_n$ *sont bornées, il y a convergence* (non nécessairement absolue) *pour* $R(s) > 0$.

Supposons que l'on ait $|A_{m,p}| \leqslant K$. En appliquant le lemme d'Abel (lemme 2), on trouve

$$|S_{m,m'}| \leqslant K\Big(\sum_{m}^{m'-1} \Big|\frac{1}{n^s} - \frac{1}{(n+1)^s}\Big| + \Big|\frac{1}{m'^s}\Big|\Big).$$

On peut supposer s réel (grâce à la prop. 6). Cela permet d'écrire l'inégalité précédente sous la forme plus simple

$$|S_{m,m'}| \leqslant K/m^s,$$

et la convergence est évidente.

§ 3. Fonction zêta et fonctions L

3.1. *Produits eulériens.*

Définition 2. — *Une fonction* $f : \mathbf{N} \to \mathbf{C}$ *est dite multiplicative si l'on a*

$$f(nm) = f(n)\, f(m)$$

chaque fois que les entiers n et m sont premiers entre eux.

Exemples. — L'*indicateur d'Euler* (chap. I, nº 1.2), la *fonction de Ramanujan* (chap. VII, nº 4.5) sont des fonctions multiplicatives.

Soit f une fonction multiplicative et bornée.

LEMME 4. — *La série de Dirichlet* $\sum_{n=1}^{\infty} f(n)/n^s$ *converge absolument pour* $R(s) > 1$, *et sa somme dans ce domaine est égale au produit infini convergent*

$$\prod_{p \in P} (1 + f(p)p^{-s} + \ldots + f(p^m)p^{-ms} + \ldots).$$

(Ici, et dans toute la suite, on note P l'ensemble des nombres premiers.)

La convergence absolue de la série résulte du fait que f est bornée (cf. prop. 8). Soit S un ensemble fini de nombres premiers, et soit $\mathbf{N}(S)$ l'ensemble des entiers $\geqslant 1$ dont tous les facteurs premiers appartiennent à S.

L'égalité suivante est immédiate :

$$\sum_{n \in \mathbf{N}(S)} f(n)/n^s = \prod_{p \in S} \left(\sum_{m=0}^{\infty} f(p^m)\, p^{-ms} \right).$$

Quand S croît, le premier membre tend vers $\sum_{n=1}^{\infty} f(n)/n^s$. On en déduit que le produit infini converge et que sa valeur est bien égale à $\sum f(n)/n^s$.

LEMME 5. — *Si f est multiplicative au sens strict* (i.e. si $f(nn') = f(n)f(n')$ pour tout couple $n, n' \in \mathbf{N}$), *on a* :

$$\sum_{n=1}^{\infty} f(n)/n^s = \prod_{p \in P} \frac{1}{1 - f(p)/p^s}.$$

Cela résulte du lemme précédent, combiné avec l'identité $f(p^m) = f(p)^m$.

3.2. *La fonction zêta.*

On applique le numéro précédent avec $f = 1$. On obtient la fonction :

$$\zeta(s) = \sum_{n=1}^{\infty} \frac{1}{n^s} = \prod_{p \in P} \frac{1}{1 - \frac{1}{p^s}}$$

ces formules ayant un sens pour $R(s) > 1$.

PROPOSITION 10. — a) *La fonction* ζ *est holomorphe et* $\neq 0$ *dans le demi-plan* $R(s) > 1$.

b) *On a* :

$$\zeta(s) = \frac{1}{s-1} + \varphi(s)$$

où $\varphi(s)$ *est holomorphe pour* $R(s) > 0$.

L'assertion a) est évidente. Pour b), on remarque que l'on a :

$$\frac{1}{s-1} = \int_1^{\infty} t^{-s}\, dt = \sum_{n=1}^{\infty} \int_n^{n+1} t^{-s}\, dt.$$

On peut donc écrire :

$$\zeta(s) = \frac{1}{s-1} + \sum_{n=1}^{\infty} \left(\frac{1}{n^s} - \int_n^{n+1} t^{-s}\, dt\right)$$

$$= \frac{1}{s-1} + \sum_{n=1}^{\infty} \int_n^{n+1} (n^{-s} - t^{-s})\, dt.$$

Posons

$$\varphi_n(s) = \int_n^{n+1} (n^{-s} - t^{-s})\, dt \qquad \text{et} \qquad \varphi(s) = \sum_{n=1}^{\infty} \varphi_n(s).$$

Tout revient à voir que $\varphi(s)$ est définie et holomorphe pour $R(s) > 0$. Or il est clair que chaque $\varphi_n(s)$ vérifie cette condition; il suffit donc de prouver que la série $\sum \varphi_n$ converge normalement sur tout compact pour $R(s) > 0$. On a :

$$|\varphi_n(s)| \leqslant \operatorname*{Sup.}_{n \leqslant t \leqslant n+1} |n^{-s} - t^{-s}|.$$

Mais la dérivée de la fonction $n^{-s} - t^{-s}$ est égale à s/t^{s+1}. On en tire :

$$|\varphi_n(s)| \leqslant \frac{|s|}{n^{x+1}}, \qquad \text{avec} \qquad x = R(s)\,,$$

et l'on obtient bien une série qui converge normalement pour $R(s) \geqslant \varepsilon$ quel que soit $\varepsilon > 0$.

COROLLAIRE 1. — *La fonction zêta a un pôle simple pour* $s = 1$.

C'est clair.

COROLLAIRE 2. — *Lorsque* $s \to 1$, *on a*

$$\sum_{p} p^{-s} \sim \log 1/(s-1)$$

alors que $\sum_{p,\, k \geqslant 2} 1/p^{ks}$ *reste borné.*

On a

$$\log \zeta(s) = \sum_{\substack{p \in P \\ k \geqslant 1}} 1/k.p^{ks} = \sum_{p \in P} 1/p^{s} + \psi(s)$$

avec $\psi(s) = \sum_{p \in P} \sum_{k \geqslant 2} 1/k.p^{ks}$. La série ψ est majorée par la série

$$\sum 1/p^{ks} = \sum 1/p^{s}(p^{s}-1)$$
$$\leqslant \sum 1/p(p-1) \leqslant \sum_{n=2}^{\infty} 1/n(n-1) = 1.$$

On en conclut que ψ reste bornée, et, comme le corollaire 1 montre que $\log \zeta(s) \sim \log 1/(s-1)$, le corollaire 2 en résulte.

Remarque. — Bien que ce soit inutile pour notre objet, il faut mentionner que $\zeta(s)$ se prolonge analytiquement en une fonction méromorphe dans tout le plan complexe, avec pour seul pôle $s = 1$. La fonction

$$\xi(s) = \pi^{-s/2}\, \Gamma(s/2)\, \zeta(s)$$

vérifie *l'équation fonctionnelle* $\xi(s) = \xi(1-s)$.
De plus, la fonction zêta prend des valeurs *rationnelles* sur les entiers négatifs :

$$\zeta(-2n) = 0 \qquad \text{si } n > 0$$
$$\zeta(1-2n) = (-1)^{n} B_{n}/2n \qquad \text{si } n > 0$$

B_n désignant le n-ième nombre de Bernoulli (cf. chap. VII, nº 4.1).

On conjecture (hypothèse de Riemann) que les autres zéros de ζ se trouvent sur la droite $R(s) = \frac{1}{2}$; cela a été vérifié numériquement pour un grand nombre d'entre eux (plus de trois millions).

3.3. *Les fonctions* L.

Soit m un entier $\geqslant 1$, et soit χ un caractère mod m (cf. nº 3.1). La *fonction* L correspondante est définie par la série de Dirichlet

$$L(s, \chi) = \sum_{n=1}^{\infty} \chi(n)/n^s.$$

On notera que, dans cette somme, on peut se borner aux entiers n qui sont *premiers à* m; en effet, les autres correspondent à une valeur nulle de χ.

Le cas du caractère unité ne donne rien d'essentiellement nouveau :

PROPOSITION 11. — *Pour* $\chi = 1$, *on a :*

$$L(s, 1) = F(s)\,\zeta(s), \quad \textit{avec} \quad F(s) = \prod_{p \mid m} (1 - p^{-s}).$$

En particulier, $L(s, 1)$ *est prolongeable analytiquement pour* $R(s) > 0$, *et admet* $s = 1$ *pour pôle simple.*

C'est immédiat.

PROPOSITION 12. — *Pour* $\chi \neq 1$, *la série* $L(s, \chi)$ *converge (resp. converge absolument) dans le demi-plan* $R(s) > 0$ *(resp.* $R(s) > 1$*). On a :*

$$L(s, \chi) = \prod_{p \in P} \frac{1}{1 - \dfrac{\chi(p)}{p^s}}, \quad \textit{pour } R(s) > 1.$$

Les assertions relatives à $R(s) > 1$ résultent de ce qui a été dit au nº 3.1. Reste à voir la convergence de la série pour $R(s) > 0$. D'après la proposition 9, il suffit de voir que les sommes

$$A_{u,v} = \sum_{u}^{v} \chi(n), \qquad u \leqslant v,$$

sont bornées. Or, d'après la proposition 4, on a

$$\sum_{u}^{u+m-1} \chi(n) = 0.$$

On en conclut qu'il suffit de majorer les sommes $A_{u,v}$ pour $v - u < m$, ce qui est immédiat : on a

$$|A_{u,v}| \leqslant \varphi(m).$$

D'où la proposition.

Remarque. — En particulier, $L(1, \chi)$ est *fini* lorsque $\chi \neq 1$. Le *point essentiel* de la démonstration de Dirichlet consiste à prouver que $L(1, \chi)$ *est différent de zéro.* C'est l'objet du numéro suivant.

3.4. *Produit des fonctions* L *relatives à un même entier m.*

Dans ce numéro, m est un entier fixé $\geqslant 1$. Si p ne divise pas m, on note $\bar{p}$ son image dans $G(m) = (\mathbf{Z}/m\mathbf{Z})^*$ et $f(p)$ l'ordre de $\bar{p}$ dans le groupe $G(m)$. Par définition, $f(p)$ est le plus petit entier $f \geqslant 1$ tel que $p^f \equiv 1 \pmod{m}$. On pose

$$g(p) = \varphi(m)/f(p) \ ;$$

c'est l'ordre du quotient de $G(m)$ par le sous-groupe $(\bar{p})$ engendré par $\bar{p}$.

LEMME 6. — *Si* $p \nmid m$, *on a l'identité*

$$\prod (1 - \chi(p)\,T) = (1 - T^{f(p)})^{g(p)},$$

le produit étant étendu à tous les caractères χ *de* $G(m)$.

Soit W l'ensemble des racines $f(p)$-ièmes de l'unité. On a l'identité :

$$\prod_{w \in W} (1 - wT) = 1 - T^{f(p)}.$$

Le lemme 6 résulte de là, et du fait que, pour tout $w \in W$, il existe $g(p)$ caractères χ de $G(m)$ tels que $\chi(\bar{p}) = w$.

Nous allons maintenant définir une nouvelle fonction $\zeta_m(s)$, au moyen de la formule

$$\zeta_m(s) = \prod_{\chi} L(s, \chi)\,,$$

le produit étant étendu à tous les caractères χ de $G(m)$.

Proposition 13. — *On a :*

$$\zeta_m(s) = \prod_{p \nmid m} \frac{1}{\left(1 - \dfrac{1}{p^{f(p)\,s}}\right)^{g(p)}}.$$

C'est une série de Dirichlet à coefficients entiers $\geqslant 0$, *convergeant dans le demi-plan* $R(s) > 1$.

En remplaçant chaque fonction L par son développement en produit, et en appliquant le lemme 6 (avec $T = p^{-s}$), on obtient le développement en produit de $\zeta_m(s)$. Ce développement met en évidence le fait que c'est une série à coefficients entiers $\geqslant 0$; sa convergence pour $R(s) > 1$ est immédiate.

Théorème 1. — a) ζ_m *a un pôle simple pour* $s = 1$. b) $L(1, \chi) \neq 0$ *pour tout* $\chi \neq 1$.

Si $L(1, \chi) \neq 0$ pour tout $\chi \neq 1$, le fait que $L(s, 1)$ ait un pôle simple pour $s = 1$ montre qu'il en est de même de ζ_m. Donc b) $\Rightarrow$ a). Supposons maintenant que l'on ait $L(1, \chi) = 0$ pour un $\chi \neq 1$. La fonction ζ_m serait alors holomorphe en $s = 1$, donc aussi pour tout s tel que $R(s) > 0$ (cf. prop. 11 et 12). Comme c'est une série de Dirichlet à coefficients positifs, cette série convergerait pour tout s du même domaine (cf. prop. 7). Mais c'est absurde. En effet, le p-ième facteur de ζ_m est égal à

$$\frac{1}{(1 - p^{-f(p)s})^{g(p)}} = (1 + p^{-f(p)s} + p^{-2f(p)s} + \dots)^{g(p)}$$

et domine la série

$$1 + p^{-\varphi(m)s} + p^{-2\varphi(m)s} + \dots$$

Il s'ensuit que ζ_m a tous ses coefficients supérieurs à ceux de la série :

$$\sum_{(n,\,m)=1} n^{-\varphi(m)s}$$

laquelle diverge évidemment pour $s = \dfrac{1}{\varphi(m)}$. D'où le résultat cherché.

Remarque. — La fonction ζ_m est égale (à un nombre fini de facteurs près) à la fonction zêta attachée au corps des racines m-ièmes de l'unité. Le fait que ζ_m ait un pôle simple pour $s = 1$ peut donc aussi se déduire de résultats généraux sur les fonctions zêta des corps de nombres algébriques.

§ 4. Densité et théorème de Dirichlet

4.1. *Densité.*

Soit P l'ensemble des nombres premiers. Nous avons vu (cor. 2 à la prop. 10) que, lorsque s tend vers 1 (s étant réel > 1, pour fixer les idées), on a :

$$\sum_{p \in \mathrm{P}} \frac{1}{p^s} \sim \log \frac{1}{s-1}.$$

Soit A une partie de P. Nous dirons que A a pour *densité* un nombre réel k lorsque le rapport

$$\Big(\sum_{p \in \mathrm{A}} \frac{1}{p^s}\Big) \Big/ \Big(\log \frac{1}{s-1}\Big)$$

tend vers k lorsque $s \to 1$. (Bien entendu, on a nécessairement $0 \leqslant k \leqslant 1$.) Le théorème de la progression arithmétique peut se préciser de la manière suivante :

THÉORÈME 2. — *Soit* $m \geqslant 1$, *et soit* a *tel que* $(a, m) = 1$. *Soit* P_a *l'ensemble des nombres premiers* p *tels que* $p \equiv a \pmod{m}$. *L'ensemble* P_a *a pour densité* $1/\varphi(m)$.

(Autrement dit, les nombres premiers sont « également répartis » entre les différentes classes modulo m qui sont premières à m.)

COROLLAIRE. — *L'ensemble* P_a *est infini.*

En effet, un ensemble fini a une densité nulle.

4.2. *Lemmes.*

Soit χ un caractère de $G(m)$. Posons :

$$f_\chi(s) = \sum_{p \nmid m} \chi(p)/p^s,$$

cette série étant convergente pour $s > 1$.

LEMME 7. — *Si* $\chi = 1$, *on a* $f_\chi \sim \log \dfrac{1}{s-1}$ *pour* $s \to 1$.

En effet, f ne diffère de la série $\sum 1/p^s$ que par un nombre fini de termes.

LEMME 8. — *Si* $\chi \neq 1$, f_χ *reste borné lorsque* $s \to 1$.

On va utiliser le logarithme de la fonction $L(s, \chi)$. Il faut préciser un peu ce que l'on entend par là (du fait que log n'est pas une fonction à proprement parler) : $L(s, \chi)$ est défini par le produit $\prod 1/(1-\chi(p)/p^s)$. Pour $R(s) > 1$, chaque facteur est de la forme $1/(1-\alpha)$, avec $|\alpha| < 1$. Nous définirons $\log \dfrac{1}{1-\alpha}$ comme $\sum_{n=1}^{\infty} \alpha^n/n$ (détermination « principale » du logarithme),

Th. 2' : $H \subset G(m)$: $P_H = \{p \in P : \bar{p} \in H\}$
Then $\delta(P_H) = (G(m) : H)^{-1}$

et nous définirons $\log L(s, \chi)$ par la série (évidemment convergente) :

$$\log L(s, \chi) = \sum \log \frac{1}{1 - \chi(p)\, p^{-s}} \qquad (R(s) > 1)$$
$$= \sum_{n,\, p} \chi(p)^n / np^{sn}.$$

(Autre définition équivalente : on prend la « branche » de $\log L(s, \chi)$ dans $R(s) > 1$ qui s'annule quand $s \to \infty$ sur l'axe réel.)

On peut décomposer $\log L(s, \chi)$ en deux morceaux :

$$\log L(s, \chi) = f_\chi(s) + F_\chi(s)\,,$$

avec

$$F_\chi(s) = \sum_{p,\, n \geqslant 2} \chi(p)^n / np^{ns}.$$

Le théorème 1, joint au corollaire 2 à la proposition 10, montre que $\log L(s, \chi)$ et $F_\chi(s)$ restent bornés quand $s \to 1$. Il en est donc de même de $f_\chi(s)$, ce qui démontre le lemme.

4.3. *Démonstration du théorème 2.*

Il faut étudier le comportement de la fonction

$$g_a(s) = \sum_{p \in P_a} 1/p^s$$

pour $s \to 1$.

Lemme 9. — *On a*

$$g_a(s) = \frac{1}{\varphi(m)} \sum_\chi \chi(a)^{-1} f_\chi(s)\,,$$

la somme étant étendue à tous les caractères χ *de* $G(m)$.

La fonction $\sum \chi(a)^{-1} f_\chi(s)$ s'écrit, en remplaçant f_χ par sa définition :

$$\sum_{p \nmid m} \Big(\sum_\chi \chi(a^{-1})\, \chi(p)\Big) / p^s.$$

Mais $\chi(a^{-1})\,\chi(p) = \chi(a^{-1}\,p)$. D'après le corollaire à la proposition 4, on a :

$$\begin{aligned}\sum_{\chi}\chi(a^{-1}\,p) &= \varphi(m) \qquad \text{si} \quad a^{-1}\,p \equiv 1 \pmod{m}\\ &= 0 \qquad\quad\ \ \text{sinon.}\end{aligned}$$

On trouve donc bien la fonction $\varphi(m)\,g_a(s)$.

Le théorème 2 est maintenant évident. En effet, le lemme 7 montre que $f_\chi(s) \sim \log \dfrac{1}{s-1}$ pour $\chi = 1$, et le lemme 8 montre que les autres f_χ restent bornés. En comparant au lemme 9, on voit que

$$g_a(s) \sim \frac{1}{\varphi(m)} \log \frac{1}{s-1},$$

ce qui signifie bien que la densité de P_a est $\dfrac{1}{\varphi(m)}$.

4.4. *Une application.*

PROPOSITION 14. — *Soit a un entier qui ne soit pas un carré. L'ensemble des nombres premiers p tels que* $\left(\dfrac{a}{p}\right) = 1$ *a pour densité* 1/2.

On peut supposer a sans facteurs carrés. Soit $m = 4\,|a|$, soit χ_a le caractère (mod m) défini dans la proposition 5 du nº 1.3, et soit $H \subset G(m)$ le noyau de χ_a dans $G(m)$. Si p est un nombre premier ne divisant pas m, soit $\bar{p}$ son image dans $G(m)$. On a $\left(\dfrac{a}{p}\right) = 1$ si et seulement si $\bar{p}$ appartient à H. D'après le théorème 3, l'ensemble des nombres premiers vérifiant cette condition a donc pour densité l'inverse de l'indice de H dans $G(m)$, c'est-à-dire 1/2.

COROLLAIRE. — *Soit a un entier. Si l'équation* $X^2 - a = 0$ *a une solution modulo p pour presque tout* $p \in P$, *elle a une solution dans* $\mathbf{Z}$.

Remarque. — Il y a des résultats analogues pour d'autres types d'équations. Par exemple :

i) Soit $f(X) = a_0X^n + \ldots + a_n$ un polynôme de degré n, à coefficients entiers, qui soit irréductible sur $\mathbf{Q}$. Soit K le corps engendré par les racines de f (dans une extension algébriquement close de $\mathbf{Q}$), et soit $N = [K : \mathbf{Q}]$; on a $N \geqslant n$. Soit P_f l'ensemble des nombres premiers p tels que f « se décompose complètement modulo p », i.e. tels que toutes les racines de f (mod p) appartiennent à $\mathbf{F}_p$. On peut démontrer que *la densité de* P_f *est* $1/N$. (La méthode est analogue à celle du théorème de Dirichlet — on utilise le fait que la fonction zêta du corps K a un pôle simple pour $s = 1$.) On peut aussi donner la densité de l'ensemble P'_f des p tels que la réduction de f (mod p) ait au moins une racine dans $\mathbf{F}_p$; c'est un nombre de la forme q/N, avec $1 \leqslant q < N$ (mis à part le cas trivial où $n = 1$).

ii) Plus généralement, soit $\{f_\alpha(X_1, \ldots, X_n)\}$ une famille de polynômes à coefficients entiers, et soit Q l'ensemble des $p \in P$ tels que les réductions des f_α (mod p) aient un zéro commun dans $(\mathbf{F}_p)^n$. On peut montrer (cf. J. Ax, *Ann. of Math.*, 85, 1967, p. 161-183) que Q a une densité; de plus cette densité est un nombre rationnel, et n'est nulle que si Q est fini.

4.5. *Densité naturelle.*

La notion de densité utilisée dans ce paragraphe est la notion « analytique » (ou « de Dirichlet »). Malgré sa complication apparente, elle est d'une utilisation très commode.

Il y a une autre notion, celle de densité « naturelle » : un sous-ensemble A de P a pour densité naturelle k si le rapport

$$\frac{\text{Nombre d'éléments de A qui sont} \leqslant n}{\text{Nombre d'éléments de P qui sont} \leqslant n}$$

tend vers k quand $n \to \infty$.

On peut montrer que, si A a pour densité naturelle k, la densité analytique de A existe, et est égale à k. Par contre, il existe des ensembles ayant une densité analytique, mais pas de densité naturelle. C'est le cas, par exemple, de l'ensemble P^1 des nombres premiers dont le premier chiffre (dans le système décimal) est égal à 1 : on voit aisément, en utilisant le théorème des nombres premiers, que P^1 n'a pas de densité naturelle, et d'autre part, Bombieri m'a communiqué une démonstration du fait que la densité analytique de P^1 existe (elle est égale à $\log_{10} 2 = 0{,}3010300...$).

Toutefois, cette « pathologie » ne se produit pas pour les ensembles de nombres premiers considérés plus haut : *l'ensemble des* $p \in P$ *tels que* $p \equiv a \pmod m$ *a une densité naturelle* (égale à $1/\varphi(m)$, si a est premier à m) ; il en est de même des ensembles notés P_f, P'_f et Q au numéro précédent. Pour une démonstration (et une estimation du « terme d'erreur »), voir K. Prachar, *Primzahlverteilung*, V, § 7.

CHAPITRE VII

FORMES MODULAIRES

§ 1. Le groupe modulaire

1.1. *Définitions.*

On note H le *demi-plan supérieur* de $\mathbf{C}$, autrement dit l'ensemble des nombres complexes z dont la partie imaginaire $\mathrm{Im}(z)$ est > 0.

Soit $\mathbf{SL}_2(\mathbf{R})$ le groupe des matrices $\begin{pmatrix} a & b \\ c & d \end{pmatrix}$, à coefficients réels, telles que $ad - bc = 1$. On fait opérer $\mathbf{SL}_2(\mathbf{R})$ sur $\tilde{\mathbf{C}} = \mathbf{C} \cup \{\infty\}$ de la manière suivante :

si $g = \begin{pmatrix} a & b \\ c & d \end{pmatrix}$ est un élément de $\mathbf{SL}_2(\mathbf{R})$, et si $z \in \tilde{\mathbf{C}}$, on pose

$$gz = \frac{az + b}{cz + d}.$$

On vérifie facilement la formule

$$(1) \qquad \mathrm{Im}(gz) = \frac{\mathrm{Im}(z)}{|cz + d|^2}.$$

Il en résulte que H est *stable* par l'action de $\mathbf{SL}_2(\mathbf{R})$. On notera que l'élément $-1 = \begin{pmatrix} -1 & 0 \\ 0 & -1 \end{pmatrix}$ de $\mathbf{SL}_2(\mathbf{R})$ opère trivialement sur H; on peut donc considérer que c'est le groupe $\mathbf{PSL}_2(\mathbf{R}) = \mathbf{SL}_2(\mathbf{R})/\{\pm 1\}$ qui opère (et ce groupe agit *fidèlement* — on peut même montrer que c'est le groupe de tous les automorphismes analytiques de H).

Soit $\mathbf{SL}_2(\mathbf{Z})$ le sous-groupe de $\mathbf{SL}_2(\mathbf{R})$ formé des matrices à coefficients dans $\mathbf{Z}$. C'est un sous-groupe *discret* de $\mathbf{SL}_2(\mathbf{R})$.

DÉFINITION 1. — *On appelle groupe modulaire le groupe*

$$G = \mathbf{SL}_2(\mathbf{Z})/\{\pm 1\}$$

image du groupe $\mathbf{SL}_2(\mathbf{Z})$ *dans* $\mathbf{PSL}_2(\mathbf{R})$.

Si $g = \begin{pmatrix} a & b \\ c & d \end{pmatrix}$ est un élément de $\mathbf{SL}_2(\mathbf{Z})$, on se permettra souvent de noter encore g son image dans le groupe modulaire G.

1.2. *Domaine fondamental du groupe modulaire.*

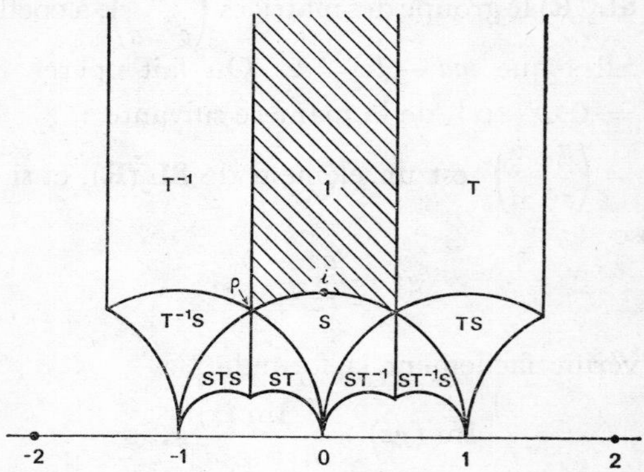

Soient S et T les éléments de G définis respectivement par $\begin{pmatrix} 0 & -1 \\ 1 & 0 \end{pmatrix}$ et $\begin{pmatrix} 1 & 1 \\ 0 & 1 \end{pmatrix}$. On a :

$$Sz = -1/z, \qquad Tz = z + 1$$
$$S^2 = 1, \qquad (ST)^3 = 1.$$

Soit, d'autre part, D le sous-ensemble de H formé des points z tels que $|z| \geqslant 1$ et $|R(z)| \leqslant 1/2$. La figure de la page précédente représente les transformés de D par les éléments :

$$\{1, T, TS, ST^{-1}S, ST^{-1}, S, ST, STS, T^{-1}S, T^{-1}\}$$

du groupe G.

Nous allons voir que D est un *domaine fondamental* pour l'action de G sur le demi-plan H. Plus précisément :

Théorème 1. — 1) *Pour tout* $z \in H$, *il existe* $g \in G$ *tel que* $gz \in D$.

2) *Supposons que deux points distincts* z, z' *de* D *soient congrus modulo* G. *On a alors, soit* $R(z) = \pm 1/2$ *et* $z = z' \pm 1$, *soit* $|z| = 1$ *et* $z' = -1/z$.

3) *Soit* $z \in D$, *et soit* $I(z) = \{g \mid g \in G, gz = z\}$ *le stabilisateur de* z *dans* G. *On a* $I(z) = \{1\}$, *sauf dans les trois cas suivants* :

$z = i$, *auquel cas* $I(z)$ *est le groupe d'ordre 2 engendré par* S;

$z = \rho = e^{2\pi i/3}$, *auquel cas* $I(z)$ *est le groupe d'ordre 3 engendré par* ST;

$z = -\bar{\rho} = e^{\pi i/3}$, *auquel cas* $I(z)$ *est le groupe d'ordre 3 engendré par* TS.

Les assertions 1) et 2) entraînent :

Corollaire. — *L'application canonique* $D \to H/G$ *est surjective; sa restriction à l'intérieur de* D *est injective.*

Théorème 2. — *Le groupe* G *est engendré par* S *et* T.

Démonstration des théorèmes 1 et 2. — Soit G' le sous-groupe de G engendré par S et T, et soit $z \in H$. Nous allons voir qu'*il existe* $g' \in G'$ *tel que* $g'z \in D$, ce qui démontrera l'assertion 1) du théorème 1. Si $g = \begin{pmatrix} a & b \\ c & d \end{pmatrix}$ est un élément de G', on a

$$\text{(1)} \qquad \operatorname{Im}(gz) = \frac{\operatorname{Im}(z)}{|cz+d|^2};$$

comme c et d sont entiers, le nombre des couples (c, d) tels que $|cz + d|$ soit inférieur à un nombre donné est *fini*. On en conclut qu'il existe $g \in G'$ tel que $\mathrm{Im}\,(gz)$ soit maximum. Il existe d'autre part un entier n tel que $T^n gz$ ait une partie réelle comprise entre $-1/2$ et $+1/2$. L'élément $z' = T^n gz$ *appartient à* D; en effet, il suffit de voir que $|z'| \geqslant 1$; mais, si l'on avait $|z'| < 1$, l'élément $-1/z'$ aurait une partie imaginaire strictement plus grande que $\mathrm{Im}\,(z')$, ce qui est impossible. L'élément $g' = T^n g$ répond donc à la question.

Prouvons maintenant les assertions 2) et 3) du théorème 1. Soient $z \in D$ et $g = \begin{pmatrix} a & b \\ c & d \end{pmatrix} \in G$ tels que $gz \in D$. Quitte à remplacer (z, g) par (gz, g^{-1}), on peut supposer que $\mathrm{Im}\,(gz) \geqslant \mathrm{Im}\,(z)$, i.e. que $|cz + d|$ est $\leqslant 1$. Ceci est évidemment impossible si $|c| \geqslant 2$. Restent donc les cas $c = 0, 1, -1$. Si $c = 0$, on a $d = \pm 1$ et g est une translation par $\pm b$. Comme $R(z)$ et $R(gz)$ sont tous deux compris entre $-1/2$ et $1/2$, cela entraîne, soit $b = 0$ et $g = 1$, soit $b = \pm 1$, auquel cas l'un des nombres $R(z)$ et $R(gz)$ doit être égal à $-1/2$ et l'autre à $1/2$. Si $c = 1$, le fait que $|z + d|$ soit $\leqslant 1$ entraîne $d = 0$, sauf si $z = \rho$ (resp. $-\bar{\rho}$) auquel cas on peut avoir $d = 0, 1$ (resp. $d = 0, -1$). Le cas $d = 0$ donne $gz = a - 1/z$ et la première partie de la discussion montre que $a = 0$, sauf si $R(z) = \pm 1/2$, i.e. si $z = \rho$ ou $-\bar{\rho}$, auquel cas on peut prendre $a = 0, -1$ ou $a = 0, 1$. Le cas $z = \rho$, $d = 1$ donne $gz = a - 1/(1 + \rho) = a + \rho$, d'où $a = 0, 1$; on traite de même le cas $z = -\bar{\rho}$, $d = -1$. Enfin, le cas $c = -1$ se ramène au cas $c = 1$ en changeant les signes de a, b, c, d (ce qui ne change pas g, considéré comme élément de G). Ceci achève la vérification des assertions 2) et 3).

Il nous reste à prouver que $G' = G$. Soit g un élément de G. Choisissons un point z_0 *intérieur* à D (par exemple

$z_0 = 2i$), et soit $z = gz_0$. On a vu plus haut qu'il existe $g' \in G'$ tel que $g'z \in D$. Les points z_0 et $g'z = g'gz_0$ de D sont congrus modulo G, et l'un d'eux est intérieur à D. D'après (2) et (3) il en résulte que ces points sont confondus et que $g'g = 1$. On a donc bien $g \in G'$, ce qui achève la démonstration.

Remarque. — On peut montrer que $\langle S, T; S^2, (ST)^3 \rangle$ est une *présentation* de G, ou (ce qui est équivalent) que G est *produit libre du groupe cyclique d'ordre 2 engendré par* S *et du groupe cyclique d'ordre 3 engendré par* ST.

§ 2. Fonctions modulaires

2.1. *Définitions.*

Définition 2. — *Soit k un entier. On appelle fonction faiblement modulaire de poids* $2k$ [1] *toute fonction méromorphe f sur le demi-plan* H *qui vérifie la relation :*

(2) $$f(z) = (cz+d)^{-2k} f\left(\frac{az+b}{cz+d}\right)$$

pour tout $\begin{pmatrix} a & b \\ c & d \end{pmatrix} \in \mathbf{SL}_2(\mathbf{Z})$.

Soit g l'image dans G de $\begin{pmatrix} a & b \\ c & d \end{pmatrix}$. On a :

$$d(gz)/dz = (cz+d)^{-2}.$$

La relation (2) peut donc s'écrire :

$$\frac{f(gz)}{f(z)} = \left(\frac{d(gz)}{dz}\right)^{-k}$$

ou encore :

(3) $$f(gz)\, d(gz)^k = f(z)\, dz^k.$$

[1] Certains auteurs disent que f est « de poids $-2k$ », d'autres que f est « de poids k ».

Elle signifie que la « forme différentielle de poids k » $f(z)\,dz^k$ est *invariante* par G. Comme G est engendré par les éléments S et T (cf. th. 2), il suffit que cette forme soit invariante par S et par T. D'où :

PROPOSITION 1. — *Soit f une fonction méromorphe sur* H. *Pour que f soit une fonction faiblement modulaire de poids $2k$, il faut et il suffit que l'on ait les deux relations :*

$$f(z+1) = f(z) \tag{4}$$

$$f(-1/z) = z^{2k} f(z). \tag{5}$$

Supposons la relation (4) vérifiée. On peut alors exprimer f comme fonction de $q = e^{2\pi i z}$, fonction que nous noterons $\tilde{f}$; elle est méromorphe dans le disque $|q| < 1$ privé de l'origine. Si $\tilde{f}$ se prolonge en une fonction méromorphe (resp. holomorphe) à l'origine, nous dirons, par abus de langage, que f est *méromorphe* (resp. *holomorphe*) *à l'infini*. Cela signifie que $\tilde{f}$ admet un développement de Laurent au voisinage de l'origine

$$\tilde{f}(q) = \sum_{-\infty}^{+\infty} a_n q^n$$

où les a_n sont nuls pour n assez petit (resp. pour $n < 0$).

DÉFINITION 3. — *Une fonction faiblement modulaire est dite modulaire si elle est méromorphe à l'infini.*

Lorsque f est holomorphe à l'infini, on pose $f(\infty) = \tilde{f}(0)$, c'est la *valeur* de f à l'infini.

DÉFINITION 4. — *On appelle forme modulaire toute fonction modulaire qui est holomorphe partout* (y compris à l'infini); *si une telle fonction s'annule à l'infini, on dit que c'est une forme parabolique* (*Spitzenform* en allemand, *cusp-form* en anglais).

Une forme modulaire de poids $2k$ est donc donnée par une série

$$f(z) = \sum_{n=0}^{\infty} a_n q^n = \sum_{n=0}^{\infty} a_n e^{2\pi i n z} \tag{6}$$

qui converge pour $|q| < 1$ (i.e. pour $\operatorname{Im}(z) > 0$), et qui vérifie l'identité

$$f(-1/z) = z^{2k} f(z). \tag{5}$$

C'est une forme parabolique si $a_0 = 0$.

Exemples

1) Si f et f' sont des formes modulaires de poids $2k$ et $2k'$, le produit ff' est une forme modulaire de poids $2k + 2k'$.

2) Nous verrons plus loin que la fonction

$$q \prod_{n=1}^{\infty} (1 - q^n)^{24} = q - 24q^2 + 252q^3 - 1472q^4 + \ldots$$

est une forme parabolique de poids 12.

2.2. *Fonctions de réseaux et fonctions modulaires.*

Rappelons d'abord ce qu'est un *réseau* dans un espace vectoriel réel V de dimension finie : c'est un sous-groupe Γ de V vérifiant les conditions équivalentes suivantes

i) Γ est discret et V/Γ est compact;
ii) Γ est discret et engendre le $\mathbf{R}$-espace vectoriel V;
iii) il existe une $\mathbf{R}$-base $(e_1, \ldots, e_n)$ de V qui est une $\mathbf{Z}$-base de Γ (i.e. $\Gamma = \mathbf{Z}e_1 \oplus \ldots \oplus \mathbf{Z}e_n$).

Soit $\mathscr{R}$ *l'ensemble des réseaux de* $\mathbf{C}$, considéré comme $\mathbf{R}$-espace vectoriel. Soit M l'ensemble des couples (ω_1, ω_2) d'éléments de $\mathbf{C}^*$ tels que $\operatorname{Im}(\omega_1/\omega_2) > 0$; à un tel couple, on associe le réseau

$$\Gamma(\omega_1, \omega_2) = \mathbf{Z}\omega_1 \oplus \mathbf{Z}\omega_2$$

de base $\{\omega_1, \omega_2\}$. On obtient ainsi une application $M \to \mathscr{R}$ qui est évidemment *surjective*.

Soit $g = \begin{pmatrix} a & b \\ c & d \end{pmatrix} \in \mathbf{SL}_2(\mathbf{Z})$ et soit $(\omega_1, \omega_2) \in M$. Posons :

$$\omega_1' = a\omega_1 + b\omega_2 \quad \text{et} \quad \omega_2' = c\omega_1 + d\omega_2.$$

Il est clair que $\{\omega_1', \omega_2'\}$ est une base de $\Gamma(\omega_1, \omega_2)$. De plus, si l'on pose $z = \omega_1/\omega_2$ et $z' = \omega_1'/\omega_2'$, on a :

$$z' = \frac{az + b}{cz + d} = gz.$$

On en conclut que $\operatorname{Im}(z') > 0$, donc que (ω_1', ω_2') appartient à M.

PROPOSITION 2. — *Pour que deux éléments de* M *définissent le même réseau, il faut et il suffit qu'ils soient congrus modulo* $\mathbf{SL}_2(\mathbf{Z})$.

On vient de voir que la condition est suffisante. Inversement, si (ω_1, ω_2) et (ω_1', ω_2') sont deux éléments de M qui définissent le même réseau, il existe une matrice entière $g = \begin{pmatrix} a & b \\ c & d \end{pmatrix}$ de déterminant ± 1 qui transforme la première base en la seconde. Si $\det(g)$ était < 0, le signe de $\operatorname{Im}(\omega_1'/\omega_2')$ serait *l'opposé* de celui de $\operatorname{Im}(\omega_1/\omega_2)$, comme on le voit par un calcul immédiat. Ces deux signes étant les mêmes, on a nécessairement $\det(g) = 1$ ce qui démontre la proposition.

On peut donc identifier *l'ensemble* $\mathscr{R}$ *des réseaux de* $\mathbf{C}$ avec *le quotient de* M *par l'action de* $\mathbf{SL}_2(\mathbf{Z})$.

Faisons maintenant opérer $\mathbf{C}^*$ sur $\mathscr{R}$ (resp. sur M) par $\Gamma \mapsto \lambda\Gamma$ (resp. $(\omega_1, \omega_2) \mapsto (\lambda\omega_1, \lambda\omega_2)$), $\lambda \in \mathbf{C}^*$. Le quotient $\mathrm{M}/\mathbf{C}^*$ s'identifie à H par $(\omega_1, \omega_2) \mapsto z = \omega_1/\omega_2$, et cette identification transforme l'action de $\mathbf{SL}_2(\mathbf{Z})$ sur M en celle de $\mathrm{G} = \mathbf{SL}_2(\mathbf{Z})/\{\pm 1\}$ sur H (cf. nº 1.1). On tire de là :

PROPOSITION 3. — *L'application* $(\omega_1, \omega_2) \mapsto \omega_1/\omega_2$ *induit par passage au quotient une bijection de* $\mathscr{R}/\mathbf{C}^*$ *sur* H/G.

(Ainsi, un élément de H/G peut être identifié à un réseau de $\mathbf{C}$, défini à homothétie près.)

Remarque. — Associons à un réseau Γ de $\mathbf{C}$ la *courbe elliptique* $\mathrm{E}_\Gamma = \mathbf{C}/\Gamma$; il est facile de voir que deux réseaux Γ et Γ' définissent des courbes elliptiques isomorphes si, et seulement si, ils sont proportionnels. Cela fournit une troisième description de $H/G = \mathcal{R}/\mathbf{C}^*$: c'est l'ensemble des *classes d'isomorphisme de courbes elliptiques*.

Passons maintenant aux *fonctions modulaires*. Soit F une fonction sur $\mathcal{R}$, à valeurs complexes, et soit $k \in \mathbf{Z}$. Nous dirons que F est *de poids* $2k$ si l'on a

$$(7) \qquad F(\lambda\Gamma) = \lambda^{-2k} F(\Gamma)$$

pour tout réseau Γ et tout $\lambda \in \mathbf{C}^*$.

Soit F une telle fonction. Si $(\omega_1, \omega_2) \in M$, notons $F(\omega_1, \omega_2)$ la valeur de F sur le réseau $\Gamma(\omega_1, \omega_2)$. La formule (7) se traduit par

$$(8) \qquad F(\lambda\omega_1, \lambda\omega_2) = \lambda^{-2k} F(\omega_1, \omega_2)\,;$$

de plus, $F(\omega_1, \omega_2)$ est invariante par l'action de $\mathbf{SL}_2(\mathbf{Z})$ sur M.

La formule (8) montre que le produit $\omega_2^{2k} F(\omega_1, \omega_2)$ ne dépend que de $z = \omega_1/\omega_2$. Il existe donc une fonction f sur H telle que

$$(9) \qquad F(\omega_1, \omega_2) = \omega_2^{-2k} f(\omega_1/\omega_2).$$

En écrivant que F est invariante par $\mathbf{SL}_2(\mathbf{Z})$, on voit que f satisfait à l'identité

$$(2) \qquad f(z) = (cz + d)^{-2k} f\left(\frac{az + b}{cz + d}\right)$$

pour tout $\begin{pmatrix} a & b \\ c & d \end{pmatrix} \in \mathbf{SL}_2(\mathbf{Z})$.

Inversement, si f vérifie (2), la formule (9) lui associe une fonction F sur $\mathcal{R}$ qui est de poids $2k$. On peut ainsi identifier les *fonctions modulaires de poids* $2k$ à certaines *fonctions de réseaux de poids* $2k$.

2.3. *Exemples de fonctions modulaires : séries d'Eisenstein.*

LEMME 1. — *Soit* Γ *un réseau de* $\mathbf{C}$. *La série* $\sum_{\gamma\in\Gamma}' 1/|\gamma|^\sigma$ *est convergente pour* $\sigma > 2$.

(Le symbole $\sum'$ signifie que la sommation porte sur les éléments *non nuls* de Γ.)

On peut procéder comme pour la série $\sum 1/n^\alpha$, i.e. majorer la série considérée par un multiple de l'intégrale double $\iint \frac{dx\,dy}{(x^2+y^2)^{\sigma/2}}$ étendue au plan privé d'un disque de centre 0. L'intégrale double se calcule sans difficulté, en passant aux « coordonnées polaires ». Une autre méthode, essentiellement équivalente, consiste à remarquer que le nombre des éléments de Γ tels que $|\gamma|$ soit compris entre deux entiers consécutifs n et $n+1$ est $O(n)$; la convergence de la série est ainsi ramenée à celle de la série $\sum 1/n^{\sigma-1}$.

Soit maintenant k un entier > 1. Si Γ est un réseau de $\mathbf{C}$, posons

$$G_k(\Gamma) = \sum_{\gamma\in\Gamma}' 1/\gamma^{2k}. \tag{10}$$

Cette série converge absolument, en vertu du lemme 1. Il est clair que G_k est *de poids* $2k$; on l'appelle la *série d'Eisenstein* d'indice k (ou d'indice $2k$, suivant les auteurs). Comme au numéro précédent, on peut considérer G_k comme une fonction sur M, donnée par

$$G_k(\omega_1, \omega_2) = \sum_{m,n}' \frac{1}{(m\omega_1 + n\omega_2)^{2k}}\,; \tag{11}$$

ici encore, le symbole $\sum'$ signifie que la sommation porte sur les couples d'entiers (m, n) *distincts de* $(0, 0)$. La fonction sur H correspondant à G_k (par le procédé explicité au numéro précédent) est encore notée G_k. D'après les formules (9) et (11), on a :

$$G_k(z) = \sum_{m,n}' \frac{1}{(mz+n)^{2k}}\,. \tag{12}$$

PROPOSITION 4. — *Soit k un entier > 1. La série d'Eisenstein $G_k(z)$ est une forme modulaire de poids $2k$. On a*

$$G_k(\infty) = 2\zeta(2k)$$

où ζ désigne la fonction zêta de Riemann.

Ce qui précède montre que $G_k(z)$ est *faiblement modulaire* de poids $2k$. Il faut voir que G_k est partout holomorphe (y compris à l'infini). Supposons d'abord que z appartienne au domaine fondamental D (cf. nº 1.2). On a alors :

$$\begin{aligned} |mz + n|^2 &= m^2 z\bar{z} + 2mn\mathrm{R}(z) + n^2 \\ &\geqslant m^2 - mn + n^2 = |m\rho - n|^2. \end{aligned}$$

D'après le lemme 1, la série $\sum' 1/|m\rho - n|^{2k}$ est convergente. On en conclut que la série $G_k(z)$ *converge normalement sur* D, donc aussi (en appliquant le résultat à $G_k(g^{-1}z)$, avec $g \in G$) dans chacun des transformés gD de D par G. Comme ceux-ci recouvrent H (th. 1), cela montre que G_k est holomorphe dans H. Reste à voir que G_k est holomorphe à l'infini (et à trouver sa valeur en ce point). Cela revient à prouver que G_k a une limite pour $\mathrm{Im}(z) \to \infty$. Or, on peut supposer que z reste dans le domaine fondamental D; vu la convergence uniforme sur D, cela permet de passer à la limite terme à terme. Les termes $1/(mz + n)^{2k}$ relatifs à $m \neq 0$ donnent 0; les autres donnent $1/n^{2k}$. On a donc

$$\lim . G_k(z) = \sum' 1/n^{2k} = 2 \sum_{n=1}^{\infty} 1/n^{2k} = 2\zeta(2k),$$

ce qui achève la démonstration.

Remarque. — Nous donnerons au nº 4.2 le développement de G_k en série de puissances de $q = e^{2\pi i z}$.

Exemples. — Les séries d'Eisenstein de poids les plus bas sont G_2 et G_3 qui sont de poids 4 et 6. Il est commode (à cause de la théorie des courbes elliptiques) de les remplacer par les multiples

(13) $$g_2 = 60G_2, \qquad g_3 = 140G_3.$$

On a $g_2(\infty) = 120\zeta(4)$ et $g_3(\infty) = 280\zeta(6)$. Vu les valeurs connues de $\zeta(4)$ et $\zeta(6)$ (cf. par exemple n° 4.1 ci-après), on trouve

(14) $$g_2(\infty) = \frac{4}{3}\pi^4 \quad \text{et} \quad g_3(\infty) = \frac{8}{27}\pi^6.$$

Si l'on pose

(15) $$\Delta = g_2^3 - 27g_3^2,$$

on en déduit que $\Delta(\infty) = 0$; autrement dit, Δ *est une forme parabolique de poids* 12.

Lien avec les courbes elliptiques. — Soit Γ un réseau de $\mathbf{C}$, et soit

(16) $$\mathfrak{p}_\Gamma(u) = \frac{1}{u^2} + \sum_{\gamma\in\Gamma}{}' \left(\frac{1}{(u-\gamma)^2} - \frac{1}{\gamma^2}\right)$$

la fonction de Weierstrass [1] correspondante. Les $G_k(\Gamma)$ interviennent dans le développement de Laurent de $\mathfrak{p}_\Gamma$:

(17) $$\mathfrak{p}_\Gamma(u) = \frac{1}{u^2} + \sum_{k=2}^{\infty} (2k-1)\, G_k(\Gamma)\, u^{2k-2}.$$

Si l'on pose $x = \mathfrak{p}_\Gamma(u)$, $y = \mathfrak{p}'_\Gamma(u)$, on a

(18) $$y^2 = 4x^3 - g_2 x - g_3,$$

avec $g_2 = 60G_2(\Gamma)$, $g_3 = 140G_3(\Gamma)$ comme ci-dessus. A un facteur numérique près, $\Delta = g_2^3 - 27g_3^2$ est égal au *discriminant* du polynôme $4X^3 - g_2X - g_3$.

On démontre que la cubique (projective) définie par

[1] Voir par exemple H. Cartan, *Théorie élémentaire des fonctions analytiques d'une ou plusieurs variables complexes*, chap. V, § 2, n° 5.

l'équation (18) est isomorphe à la courbe elliptique $\mathbf{C}/\Gamma$; en particulier, c'est une courbe *non singulière*, ce qui entraîne que Δ est $\neq 0$.

§ 3. L'espace des formes modulaires

3.1. *Les zéros et les pôles d'une fonction modulaire.*

Soit f une fonction méromorphe sur H, non identiquement nulle, et soit p un point de H. Nous appellerons *ordre de f en p*, et nous noterons $v_p(f)$, l'entier n tel que $f/(z-p)^n$ soit holomorphe et non nul en p.

Lorsque f est une *fonction modulaire* de poids $2k$, l'identité

$$f(z) = (cz+d)^{-2k} f\left(\frac{az+b}{cz+d}\right)$$

montre que $v_p(f) = v_{g(p)}(f)$, si $g \in G$; en d'autres termes, $v_p(f)$ ne dépend que de l'image de p dans le quotient H/G. On peut de plus définir $v_\infty(f)$ comme l'ordre pour $q = 0$ de la fonction $\tilde{f}(q)$ associée à f (cf. nº 2.1).

Enfin, nous noterons e_p l'ordre du stabilisateur du point p; on a $e_p = 2$ (resp. $e_p = 3$) si p est congru modulo G à i (resp. à ρ), et $e_p = 1$ sinon, cf. théorème 1.

THÉORÈME 3. — *Soit f une fonction modulaire de poids $2k$, non identiquement nulle. On a*

$$v_\infty(f) + \sum_{p \in H/G} \frac{1}{e_p} v_p(f) = \frac{k}{6}. \tag{19}$$

[On peut aussi écrire cette formule sous la forme

$$v_\infty(f) + \frac{1}{2} v_i(f) + \frac{1}{3} v_\rho(f) + \sum_{p \in H/G}^{*} v_p(f) = \frac{k}{6} \tag{20}$$

où le signe $\sum^*$ indique que la sommation porte sur les points de H/G distincts des classes de i et de ρ.]

Observons d'abord que la somme écrite dans le théorème 3 a un sens, i.e. que *f n'a qu'un nombre fini de zéros et de pôles modulo* G. En effet, puisque $\tilde{f}$ est méromorphe, il existe $r > 0$ tel que $\tilde{f}$ n'ait ni zéro ni pôle pour $0 < q < r$; ceci signifie que f n'a ni zéro ni pôle pour $\text{Im}(z) > e^{2\pi r}$. Or, la partie D_r du domaine fondamental D définie par l'inégalité $\text{Im}(z) \leqslant e^{2\pi r}$ est *compacte*; comme f est méromorphe dans H, elle n'a qu'un nombre fini de zéros et de pôles dans D_r, d'où notre assertion.

Pour démontrer le théorème 3, nous intégrerons $\dfrac{1}{2i\pi}\dfrac{df}{f}$ sur le bord de D. Plus précisément :

1) Supposons que f n'ait, sur la frontière de D, d'autres zéros ou d'autres pôles que i, ρ, $-\bar{\rho}$ éventuellement. Il existe un contour $\mathscr{C}$ tel celui représenté ci-contre, dont l'intérieur contienne un représentant de chaque zéro ou pôle de f non congru à i ou ρ. D'après le théorème des résidus, on a :

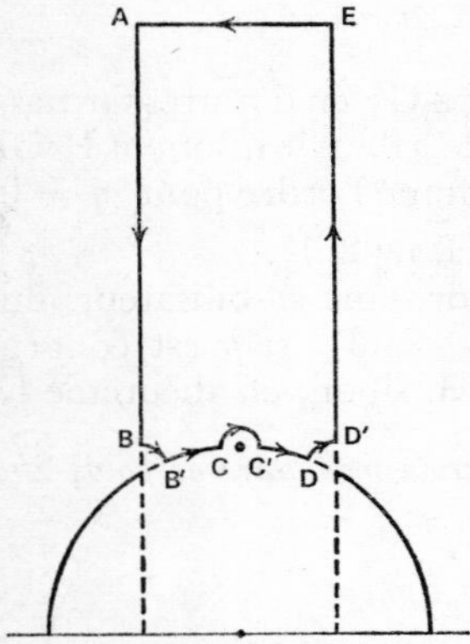

$$\frac{1}{2i\pi}\int_{\mathscr{C}}\frac{df}{f} = \sum_{p\in H/G}^{*} v_p(f).$$

D'autre part :

a) Le changement de variable $q = e^{2\pi i z}$ transforme l'arc EA en un cercle ω centré en $q = 0$ parcouru dans le sens rétrograde et ne renfermant d'autre zéro ou pôle de $\tilde{f}$ que 0 éventuellement. D'où :

$$\frac{1}{2i\pi}\int_{E}^{A}\frac{df}{f} = \frac{1}{2i\pi}\int_{\omega}\frac{d\tilde{f}}{\tilde{f}} = -v_\infty(f).$$

b) L'intégrale de $\frac{1}{2i\pi}\frac{df}{f}$ sur le cercle auquel appartient l'arc BB', parcouru dans le sens rétrograde, vaut $-v_\rho(f)$. Lorsque le rayon de ce cercle tend vers 0, l'angle $\widehat{B_\rho B'}$ tend vers $\frac{2\pi}{6}$, d'où :

$$\frac{1}{2i\pi}\int_{B}^{B'}\frac{df}{f}\to-\frac{1}{6}v_\rho(f).$$

De même, lorsque le rayon des arcs CC' et DD' tend vers 0 :

$$\frac{1}{2i\pi}\int_{C}^{C'}\frac{df}{f}\to-\frac{1}{2}v_i(f)$$

$$\frac{1}{2i\pi}\int_{D}^{D'}\frac{df}{f}\to-\frac{1}{6}v_\rho(f).$$

c) T transformant l'arc AB en l'arc ED', et $f(Tz)$ étant égal à $f(z)$, on a :

$$\frac{1}{2i\pi}\int_{A}^{B}\frac{df}{f}+\frac{1}{2i\pi}\int_{D'}^{E}\frac{df}{f}=0.$$

d) S transformant l'arc B'C en l'arc DC', et $f(Sz)$ étant égal à $z^{2k}f(z)$, on a :

$$\frac{df(Sz)}{f(Sz)}=2k\frac{dz}{z}+\frac{df(z)}{f(z)},$$

d'où :

$$\frac{1}{2i\pi}\int_{B'}^{C}\frac{df}{f}+\frac{1}{2i\pi}\int_{C'}^{D}\frac{df}{f}=\frac{1}{2i\pi}\int_{B'}^{C}\left(\frac{df(z)}{f(z)}-\frac{df(Sz)}{f(Sz)}\right)$$

$$=\frac{1}{2i\pi}\int_{B'}^{C}\left(-2k\frac{dz}{z}\right)$$

$$\to-2k\left(-\frac{1}{12}\right)=\frac{k}{6}$$

lorsque les rayons des arcs BB', CC', DD' tendent vers 0.

En écrivant l'égalité des deux expressions trouvées pour $\frac{1}{2i\pi}\int_{\mathscr{C}} \frac{df}{f}$ et en passant à la limite, on trouve la formule (20).

2) Supposons que f ait un zéro ou un pôle λ sur la demi-droite $\{z \mid \mathrm{R}(z) = -\frac{1}{2}, \mathrm{Im}(z) > \frac{\sqrt{3}}{2}\}$. On reprend la même démonstration avec un contour $\mathscr{C}$ modifié au voisinage de λ et de $\mathrm{T}\lambda$ comme l'indique la figure (l'arc de cercle contournant $\mathrm{T}\lambda$ est le transformé par T de l'arc de cercle contournant λ).

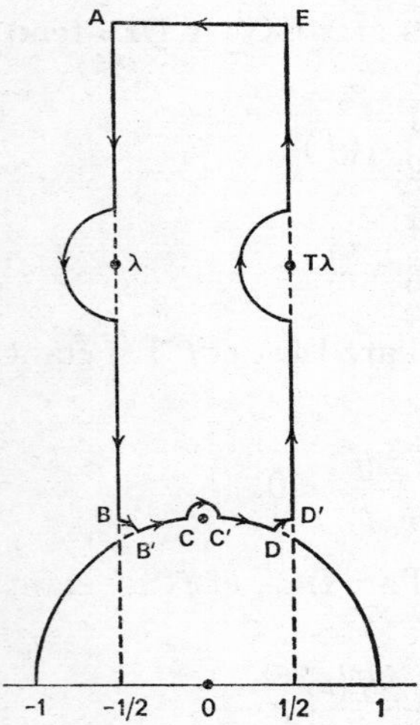

On procède de manière analogue si f a plusieurs zéros ou pôles sur le bord de D.

Remarque. — Cette démonstration un peu pénible aurait pu être évitée si l'on avait défini une structure analytique complexe sur le compactifié de H/G (cf. par exemple *Seminar on Complex Multiplication, Lecture Notes in Math.*, nº 21, exposé II).

3.2. *L'algèbre des formes modulaires.*

Si k est un entier, nous noterons M_k (resp. M_k^0) le $\mathbf{C}$-espace vectoriel des formes modulaires de poids $2k$ (resp. des formes paraboliques de poids $2k$), cf. nº 2.1, définition 4. Rappelons que M_k^0 est le noyau de la forme linéaire $f \mapsto f(\infty)$ sur M_k; on a donc $\dim M_k/M_k^0 \leqslant 1$. De plus, pour $k \geqslant 2$, la série d'Eisenstein G_k est un élément de M_k tel que $G_k(\infty) \neq 0$, cf. nº 2.3, proposition 4; on a donc

$$M_k = M_k^0 \oplus \mathbf{C}.G_k \qquad (\text{pour} \quad k \geqslant 2).$$

Rappelons enfin que l'on note Δ l'élément $g_2^3 - 27g_3^2$ de M_6^0, où $g_2 = 60G_2$ et $g_3 = 140\,G_3$.

THÉORÈME 4. — i) *On a* $M_k = 0$ *pour* $k < 0$ *et* $k = 1$.

ii) *Pour* $k = 0, 2, 3, 4, 5,$ M_k *est un espace de dimension 1 admettant pour base* $1, G_2, G_3, G_4, G_5$; *on a* $M_k^0 = 0$.

iii) *La multiplication par* Δ *définit un isomorphisme de* M_{k-6} *sur* M_k^0.

Soit f un élément non nul de M_k. Tous les termes du membre de gauche de la formule

$$(20) \qquad v_\infty(f) + \frac{1}{2}\,v_i(f) + \frac{1}{3}\,v_\rho(f) + \sum_{p \in H/G}^{*} v_p(f) = \frac{k}{6}$$

sont alors *positifs*. On a donc $k \geqslant 0$, et aussi $k \neq 1$ car $\frac{1}{6}$ ne peut pas s'écrire sous la forme $n + n'/2 + n''/3$, avec $n, n', n'' \geqslant 0$. Cela démontre i).

Appliquons maintenant (20) à $f = G_2$, $k = 2$. On ne peut écrire $\frac{2}{6}$ sous la forme $n + n'/2 + n''/3$, $n, n', n'' \geqslant 0$, que pour $n = 0$, $n' = 0$, $n'' = 1$; on en conclut que $v_\rho(G_2) = 1$ et que $v_p(G_2) = 0$ pour $p \neq \rho$ (modulo G). Le même argument s'applique à G_3 et montre que $v_i(G_3) = 1$ et que les autres $v_p(G_3)$ sont nuls. Ceci suffit déjà à prouver que Δ ne s'annule pas au point i, donc n'est pas identiquement nul. Comme le poids de Δ est 12, et que $v_\infty(\Delta) \geqslant 1$, la formule (20) montre que $v_p(\Delta) = 0$ pour $p \neq \infty$ et que $v_\infty(\Delta) = 1$; autrement dit, Δ *ne s'annule pas sur* H, *et a un zéro simple à l'infini.* Si f est un élément de M_k^0, et si l'on pose $g = f/\Delta$, il est clair que g est de poids $k - 6$; de plus, la formule

$$v_p(g) = v_p(f) - v_p(\Delta) = \begin{cases} v_p(f) & \text{si } p \neq \infty \\ v_p(f) - 1 & \text{si } p = \infty \end{cases}$$

montre que $v_p(g)$ est $\geqslant 0$ pour tout p, donc que g appartient à M_{k-6}, ce qui démontre iii).

Enfin, si $k \leqslant 5$, on a $k - 6 < 0$, d'où $M_k^0 = 0$ d'après i) et iii); on en conclut que $\dim M_k \leqslant 1$. Comme $1, G_2, G_3, G_4, G_5$ sont des éléments non nuls de M_0, M_2, M_3, M_4, M_5, on a $\dim M_k = 1$ pour $k = 0, 2, 3, 4, 5$, ce qui démontre ii).

COROLLAIRE 1. — *On a :*

$$\text{(21)} \quad \dim M_k = \begin{cases} [k/6] & \textit{si } k \equiv 1 \pmod 6,\ k \geqslant 0 \\ [k/6] + 1 & \textit{si } k \not\equiv 1 \pmod 6,\ k \geqslant 0. \end{cases}$$

(Rappelons que $[x]$ désigne la *partie entière* de x, i.e. le plus grand entier n tel que $n \leqslant x$.)

La formule (21) est vraie pour $0 \leqslant k < 6$, d'après i) et ii). D'autre part, les deux membres augmentent d'une unité lorsqu'on remplace k par $k + 6$ (cf. iii)). La formule est donc vraie pour tout $k \geqslant 0$.

COROLLAIRE 2. — *L'espace* M_k *admet pour base la famille des monômes* $G_2^\alpha G_3^\beta$, *avec* α, β *entiers* $\geqslant 0$ *et* $2\alpha + 3\beta = k$.

Montrons d'abord que ces monômes *engendrent* M_k. C'est clair pour $k \leqslant 3$, d'après i) et ii). Pour $k \geqslant 4$, on raisonne par récurrence. On choisit un couple (γ, δ) d'entiers $\geqslant 0$ tel que $2\gamma + 3\delta = k$ (c'est possible pour tout $k \geqslant 2$). La forme modulaire $g = G_2^\gamma G_3^\delta$ est non nulle à l'infini. Si $f \in M_k$, il existe donc $\lambda \in \mathbf{C}$ tel que $f - \lambda g$ soit parabolique, donc de la forme Δh, avec $h \in M_{k-6}$, cf. iii). On applique alors l'hypothèse de récurrence à h.

Il reste à voir que les monômes en question sont linéairement indépendants; s'ils ne l'étaient pas, la fonction G_2^3/G_3^2 vérifierait une équation algébrique non triviale, à coefficients dans $\mathbf{C}$, donc serait constante, ce qui est absurde puisque G_2 s'annule en ρ mais pas G_3.

Remarque. — Soit $M = \sum_{-\infty}^{+\infty} M_k$ l'algèbre graduée *somme directe* des M_k, et soit $\varepsilon : \mathbf{C}[X, Y] \to M$ l'homomorphisme qui applique X sur G_2 et Y sur G_3. Le corollaire 2 équivaut à dire que ε est un *isomorphisme*; on peut donc identifier M à l'algèbre de polynômes $\mathbf{C}[G_2, G_3]$.

3.3. *L'invariant modulaire.*

Posons

$$j = 1728\, g_2^3/\Delta. \tag{22}$$

PROPOSITION 5. — a) *La fonction j est une fonction modulaire de poids* 0.

b) *Elle est holomorphe dans* H *et a un pôle simple à l'infini.*

c) *Elle définit par passage au quotient une bijection de* H/G *sur* $\mathbf{C}$.

L'assertion a) provient de ce que g_2^3 et Δ sont toutes deux de poids 12; b) provient de ce que Δ est $\neq 0$ sur H et a un pôle simple à l'infini, alors que g_2 est non nulle à l'infini. Pour prouver c), il faut voir que, si $\lambda \in \mathbf{C}$, la forme modulaire $f_\lambda = 1728 g_2^3 - \lambda\Delta$ a un zéro et un seul modulo G. Pour cela, on applique la formule (20), avec $f = f_\lambda$ et $k = 6$. Les seules décompositions de $k/6 = 1$ sous la forme $n + n'/2 + n''/3$, avec $n, n', n'' \geqslant 0$, correspondent à

$$(n, n', n'') = (1, 0, 0), \quad \text{ou} \quad (0, 2, 0), \quad \text{ou} \quad (0, 0, 3).$$

Cela entraîne bien que f s'annule en un point et un seul de H/G.

PROPOSITION 6. — *Soit f une fonction méromorphe sur* H. *Les propriétés suivantes sont équivalentes :*

i) *f est une fonction modulaire de poids* 0;
ii) *f est quotient de deux formes modulaires de même poids*;
iii) *f est une fonction rationnelle de j.*

Les implications iii) $\Rightarrow$ ii) $\Rightarrow$ i) sont immédiates. Montrons que i) $\Rightarrow$ iii). Soit donc f une fonction modulaire. Quitte à multiplier f par un polynôme en j convenable, on peut supposer que f est holomorphe sur H. Comme Δ s'annule à l'infini, il existe un entier $n \geqslant 0$ tel que $g = \Delta^n f$ soit holomorphe à l'infini. La fonction g est alors une forme modulaire de poids $12n$; d'après le corollaire 2 au théorème 4, on peut l'écrire comme combinaison linéaire des $G_2^\alpha G_3^\beta$, avec $2\alpha + 3\beta = 6n$. Par linéarité, on est ramené au cas où $g = G_2^\alpha G_3^\beta$, i.e. $f = G_2^\alpha G_3^\beta/\Delta^n$. Mais la relation $2\alpha + 3\beta = 6n$ montre que $p = \alpha/3$ et $q = \beta/2$ sont des *entiers*, et l'on a $f = G_2^{3p} G_3^{2q}/\Delta^{p+q}$. On est ainsi ramené à voir que G_2^3/Δ et G_3^2/Δ sont des fonctions rationnelles de j, ce qui est évident.

Remarques. — 1) Comme on l'a signalé plus haut, il est possible de définir de façon naturelle une structure de *variété analytique complexe* sur le compactifié $\widehat{H/G}$ de H/G. La proposition 5 s'énonce alors en disant que j définit un *isomorphisme* de $\widehat{H/G}$ sur la sphère de Riemann

$$\mathbf{S}_2 = \mathbf{C} \cup \{\infty\};$$

quant à la proposition 6, elle se réduit au fait bien connu que les seules fonctions méromorphes sur $\mathbf{S}_2$ sont les fonctions rationnelles.

2) Le coefficient $1728 = 2^6 3^3$ a été introduit pour que j ait un résidu égal à 1 à l'infini. Plus précisément, les développements en série du § 4 montrent que :

$$(23) \qquad j(z) = \frac{1}{q} + 744 + \sum_{n=1}^{\infty} c(n)\, q^n, \quad z \in \mathrm{H}, \quad q = e^{2\pi i z}.$$

On a :

$$c(1) = 2^2 3^3 1823 = 196884$$
$$c(2) = 2^{11} 5.2099 = 21493760.$$

Les $c(n)$ sont des entiers, jouissant de remarquables propriétés de divisibilité (1) :

$$n \equiv 0 \pmod{2^a} \Rightarrow c(n) \equiv 0 \pmod{2^{3a+8}}$$
$$n \equiv 0 \pmod{3^a} \Rightarrow c(n) \equiv 0 \pmod{3^{2a+3}}$$
$$n \equiv 0 \pmod{5^a} \Rightarrow c(n) \equiv 0 \pmod{5^{a+1}}$$
$$n \equiv 0 \pmod{7^a} \Rightarrow c(n) \equiv 0 \pmod{7^a}$$
$$n \equiv 0 \pmod{11^a} \Rightarrow c(n) \equiv 0 \pmod{11^a}.$$

§ 4. Développements en série à l'infini

4.1. *Les nombres de Bernoulli* B_k.

Ils sont définis par le développement en série :

$$\text{(24)} \qquad \frac{x}{e^x - 1} = 1 - \frac{x}{2} + \sum_{k=1}^{\infty} (-1)^{k+1} B_k \frac{x^{2k}}{(2k)!}.$$

Table numérique

$$B_1 = \frac{1}{6}, \quad B_2 = \frac{1}{30}, \quad B_3 = \frac{1}{42}, \quad B_4 = \frac{1}{30}, \quad B_5 = \frac{5}{66}$$

$$B_6 = \frac{691}{2730}, \quad B_7 = \frac{7}{6}, \quad B_8 = \frac{3617}{510}, \quad B_9 = \frac{43867}{798}$$

$$B_{10} = \frac{174611}{330}, \quad B_{11} = \frac{854513}{138}, \quad B_{12} = \frac{236364091}{2730}$$

$$B_{13} = \frac{8553103}{6}, \quad B_{14} = \frac{23749461029}{870}.$$

(1) Voir là-dessus A. O. L. ATKIN et J. N. O'BRIEN, *Trans. Amer. Math. Soc.*, 126, 1967, ainsi que l'article d'ATKIN dans *Computers in mathematical research* (North Holland, 1968).

Les B_k permettent de calculer les valeurs de la fonction zêta de Riemann pour les entiers pairs $\geqslant 0$ (et aussi pour les entiers impairs $\leqslant 0$) :

PROPOSITION 7. — *Si k est un entier $\geqslant 1$, on a :*

$$\zeta(2k) = \frac{2^{2k-1}}{(2k)!} B_k \pi^{2k}. \tag{25}$$

L'identité

$$z \operatorname{cotg} z = 1 - \sum_{k=1}^{\infty} B_k \frac{2^{2k} z^{2k}}{(2k)!} \tag{26}$$

résulte de la définition des B_k, en posant $x = 2iz$. D'autre part, en prenant la dérivée logarithmique de

$$\sin z = z \prod_{n=1}^{\infty} \left(1 - \frac{z^2}{n^2 \pi^2}\right), \tag{27}$$

on a :

$$\begin{aligned} z \operatorname{cotg} z &= 1 + 2 \sum_{n=1}^{\infty} \frac{z^2}{z^2 - n^2 \pi^2} \\ &= 1 - 2 \sum_{n=1}^{\infty} \sum_{k=1}^{\infty} \frac{z^{2k}}{n^{2k} \pi^{2k}}. \end{aligned} \tag{28}$$

En comparant (26) et (28), on obtient (25).

Exemples

$$\zeta(2) = \frac{\pi^2}{2.3}, \quad \zeta(4) = \frac{\pi^4}{2.3^2.5}, \quad \zeta(6) = \frac{\pi^6}{3^3.5.7}$$

$$\zeta(8) = \frac{\pi^8}{2.3^3.5^2.7}, \quad \zeta(10) = \frac{\pi^{10}}{3^5.5.7.11}$$

$$\zeta(12) = \frac{691\,\pi^{12}}{3^6.5^3.7^2.11.13}, \quad \zeta(14) = \frac{2\,\pi^{14}}{3^6.5^2.7.11.13}.$$

4.2. *Développements en série des fonctions* G_k.

Nous allons donner le développement de Taylor de la série d'Eisenstein $G_k(z)$ par rapport à $q = e^{2\pi i z}$.

On part de la formule bien connue :

$$(29) \qquad \pi \operatorname{cotg} \pi z = \frac{1}{z} + \sum_{n=1}^{\infty} \left(\frac{1}{z+n} + \frac{1}{z-n}\right).$$

On a par ailleurs :

$$(30) \qquad \pi \operatorname{cotg} \pi z = \pi \frac{\cos \pi z}{\sin \pi z} = i\pi \frac{q+1}{q-1}$$

$$= i\pi - \frac{2i\pi}{1-q} = i\pi - 2i\pi \sum_{n=1}^{\infty} q^n.$$

D'où, en comparant :

$$(31) \qquad \frac{1}{z} + \sum_{n=1}^{\infty} \left(\frac{1}{z+n} + \frac{1}{z-n}\right) = i\pi - 2i\pi \sum_{n=1}^{\infty} q^n.$$

Par dérivations successives de (31), on obtient la formule suivante (valable pour $k \geqslant 2$) :

$$(32) \qquad \sum_{n \in \mathbf{Z}} \frac{1}{(n+z)^k} = \frac{1}{(k-1)!} (-2i\pi)^k \sum_{n=1}^{\infty} n^{k-1} q^n.$$

Convenons de noter $\sigma_k(n)$ la somme $\sum_{d \mid n} d^k$ des puissances k-ièmes des diviseurs positifs de n.

Proposition 8. — *Pour tout entier* $k \geqslant 2$, *on a* :

$$(33) \qquad G_k(z) = 2\zeta(2k) + 2 \frac{(2i\pi)^{2k}}{(2k-1)!} \sum_{n=1}^{\infty} \sigma_{2k-1}(n)\, q^n.$$

On développe :

$$G_k(z) = \sum_{(n,m)\neq(0,0)} \frac{1}{(nz+m)^{2k}}$$

$$= 2\zeta(2k) + 2\sum_{n=1}^{\infty}\sum_{m\in\mathbf{Z}} \frac{1}{(nz+m)^{2k}}$$

$$= 2\zeta(2k) + \frac{2(-2\pi i)^{2k}}{(2k-1)!}\sum_{n=1}^{\infty}\sum_{a=1}^{\infty} a^{2k-1} q^{an}$$

$$= 2\zeta(2k) + \frac{2(2\pi i)^{2k}}{(2k-1)!}\sum_{n=1}^{\infty} \sigma_{2k-1}(n)\, q^n.$$

COROLLAIRE. — $G_k(z) = 2\zeta(2k)\, E_k(z)$, *avec*

(34) $$E_k(z) = 1 + \gamma_k \sum_{n=1}^{\infty} \sigma_{2k-1}(n)\, q^n$$

et

(35) $$\gamma_k = (-1)^k \frac{4k}{B_k}.$$

On définit $E_k(z)$ comme le quotient de $G_k(z)$ par $2\zeta(2k)$; il est clair que $E_k(z)$ est de la forme (34). Le coefficient γ_k se calcule au moyen de la proposition 7 :

$$\gamma_k = \frac{(2i\pi)^{2k}}{(2k-1)!}\,\frac{1}{\zeta(2k)}$$

$$= \frac{(2\pi)^{2k}\,(-1)^k}{(2k-1)!}\,\frac{(2k)!}{2^{2k-1} B_k \pi^{2k}} = (-1)^k \frac{4k}{B_k}.$$

Exemples

$$E_2 = 1 + 240 \sum_{n=1}^{\infty} \sigma_3(n)\, q^n, \qquad g_2 = (2\pi)^4 \frac{1}{2^2.3} E_2$$

$$E_3 = 1 - 504 \sum_{n=1}^{\infty} \sigma_5(n)\, q^n, \qquad g_3 = (2\pi)^6 \frac{1}{2^3.3^3} E_3$$

$$E_4 = 1 + 480 \sum_{n=1}^{\infty} \sigma_7(n)\, q^n$$

$$E_5 = 1 - 264 \sum_{n=1}^{\infty} \sigma_9(n)\, q^n$$

$$E_6 = 1 + \frac{65520}{691} \sum_{n=1}^{\infty} \sigma_{11}(n)\, q^n \qquad (65520 = 2^4.3^2.5.7.13)$$

$$E_7 = 1 - 24 \sum_{n=1}^{\infty} \sigma_{13}(n)\, q^n.$$

Remarque. — On a vu au nº 3.2 que l'espace des formes modulaires de poids 8 (resp. 10) est de dimension 1. On a donc :

$$(36) \qquad E_2^2 = E_4, \qquad E_2 E_3 = E_5.$$

D'où les identités :

$$\sigma_7(n) = \sigma_3(n) + 120 \sum_{m=1}^{n-1} \sigma_3(m)\, \sigma_3(n-m)$$

$$11\sigma_9(n) = 21\sigma_5(n) - 10\sigma_3(n) + 5040 \sum_{m=1}^{n-1} \sigma_3(n)\, \sigma_5(n-m).$$

Plus généralement, chaque E_k peut s'exprimer comme *polynôme* par rapport à E_2 et E_3.

4.3. *Ordre de grandeur des coefficients des formes modulaires.*

Soit

$$(37) \qquad f(z) = \sum_{n=0}^{\infty} a_n q^n \qquad (q = e^{2\pi i z})$$

une forme modulaire de poids $2k$, $k \geqslant 2$. On s'intéresse à la croissance des a_n.

Proposition 9. — *Si* $f = G_k$, *l'ordre de grandeur de* a_n *est* n^{2k-1}. *De façon plus précise, il existe deux constantes* $A, B > 0$ *telles que*

$$(38) \qquad A n^{2k-1} \leqslant |a_n| \leqslant B n^{2k-1}.$$

La proposition 8 montre qu'il existe une constante $A > 0$ telle que $a_n = (-1)^k A\sigma_{2k-1}(n)$, d'où :

$$|a_n| = A\sigma_{2k-1}(n) \geqslant An^{2k-1}.$$

D'autre part :

$$\frac{|a_n|}{n^{2k-1}} = A \sum_{d \mid n} \frac{1}{d^{2k-1}} \leqslant A \sum_{d=1}^{\infty} \frac{1}{d^{2k-1}} = A\zeta(2k-1) < +\infty.$$

THÉORÈME 5 (Hecke). — *Si f est une forme parabolique, on a :*

$$a_n = O(n^k). \tag{39}$$

(Autrement dit, le quotient $|a_n|/n^k$ reste borné quand $n \to \infty$.)

Puisque f est parabolique, on a $a_0 = 0$ et l'on peut mettre q en facteur dans le développement (37) de f. D'où

$$|f(z)| = O(q) = O(e^{-2\pi y}), \quad \text{avec } y = \text{Im}(z) \tag{40}$$

lorsque q tend vers 0.

Soit $\varphi(z) = |f(z)|\, y^k$. Les formules (1) et (2) montrent que φ est *invariante* par le groupe modulaire G. De plus, φ est continue sur le domaine fondamental D, et la formule (40) montre que φ tend vers 0 pour $y \to \infty$. On en conclut que φ est *bornée*, autrement dit qu'il existe une constante M telle que

$$|f(z)| \leqslant My^{-k} \qquad \text{pour } z \in H. \tag{41}$$

Fixons y et faisons varier x entre 0 et 1. Le point $q = e^{2\pi i(x+iy)}$ décrit un cercle C_y de centre 0. D'après la formule des résidus, on a :

$$a_n = \frac{1}{2i\pi} \int_{C_y} f(z)\, q^{-n-1}\, dq = \int_0^1 f(x+iy)\, q^{-n}\, dx.$$

(On pourrait aussi déduire cette formule de celle donnant les coefficients de Fourier d'une fonction périodique.)

En utilisant (41), on en tire :

$$|a_n| \leqslant \mathrm{M}y^{-k} e^{2\pi n y}.$$

Cette inégalité est valable pour tout $y > 0$. Pour $y = 1/n$, elle donne $|a_n| \leqslant e^{2\pi}\mathrm{M}n^k$, d'où le théorème.

COROLLAIRE. — *Si f n'est pas une forme parabolique, l'ordre de grandeur de a_n est n^{2k-1}.*

On écrit f sous la forme $\lambda \mathrm{G}_k + h$, avec $\lambda \neq 0$ et h parabolique, et on applique la proposition 9 et le théorème 5 en tenant compte de ce que n^k est « négligeable » devant n^{2k-1}.

Remarque. — L'exposant k du théorème 5 peut être amélioré : on a

$$a_n = \mathrm{O}(n^{k-1/4+\varepsilon}) \qquad \text{pour tout } \varepsilon > 0$$

(cf. A. Selberg, *Proc. Symp. Pure Math.*, VIII, Amer. Math. Soc., 1965).

On conjecture que k peut même être remplacé par $k - \frac{1}{2} + \varepsilon$ pour tout $\varepsilon > 0$, ou encore que

$$a_n = \mathrm{O}(n^{k-1/2}\sigma_0(n)),$$

où $\sigma_0(n)$ est le nombre des diviseurs de n. Nous reviendrons là-dessus au n° 5.6.

4.4. *Le développement de Δ.*

Rappelons que

$$\begin{aligned} (42) \quad \Delta = g_2^3 - 27g_3^2 &= (2\pi)^{12}\, 2^{-6}\, 3^{-3}(\mathrm{E}_2^3 - \mathrm{E}_3^2) \\ &= (2\pi)^{12}\,(q - 24q^2 + 252q^3 - 1472q^4 + \dots). \end{aligned}$$

THÉORÈME 6 (Jacobi). — $\Delta = (2\pi)^{12}\, q \prod_{n=1}^{\infty} (1 - q^n)^{24}$.

[Cette formule se démontre de façon naturelle au moyen de la théorie des fonctions elliptiques. Comme cette méthode nous entraînerait trop loin, nous allons indiquer une autre démonstration, qui est « élémentaire » mais quelque peu artificielle; pour plus de détails, le lecteur pourra se reporter à A. Hurwitz, *Math. Werke*, Bd. I, p. 578-595.]

Posons :

$$F(z) = q \prod_{n=1}^{\infty} (1 - q^n)^{24}. \tag{43}$$

Pour prouver que F et Δ sont proportionnels, il suffit de montrer que F est une forme modulaire de poids 12; en effet, le fait que le développement de F ait un terme constant nul montrera que F est parabolique, et l'on sait (th. 4) que l'espace M_{12}^0 des formes paraboliques de poids 12 est de dimension 1. D'après la proposition 1 du nº 2.1, tout revient à prouver que

$$F(-1/z) = z^{12} F(z). \tag{44}$$

Nous utiliserons pour cela les séries doubles :

$$G_1(z) = \sum_n \sum_m{}' \frac{1}{(m+nz)^2}$$

$$G(z) = \sum_m \sum_n{}' \frac{1}{(m+nz)^2}$$

$$H_1(z) = \sum_n \sum_m{}' \frac{1}{(m-1+nz)(m+nz)}$$

$$H(z) = \sum_m \sum_n{}' \frac{1}{(m-1+nz)(m+nz)}$$

où le signe Σ' indique que l'on excepte de la sommation le couple (0, 0). (Noter l'ordre des sommations!)

Les séries H_1 et H sont faciles à calculer explicitement, à cause de la formule

$$\frac{1}{(m-1+nz)(m+nz)} = \frac{1}{m-1+nz} - \frac{1}{m+nz}.$$

On trouve qu'elles convergent, et que l'on a :

$$H_1 = 0, \qquad H = -2\pi i/z.$$

D'autre part, la série double de terme général

$$\frac{1}{(m-1+nz)(m+nz)} - \frac{1}{(m+nz)^2} = \frac{1}{(m+nz)^2(m-1+nz)}$$

est absolument sommable. On en conclut que $G_1 - H_1$ et $G - H$ coïncident, donc que les séries G et G_1 convergent (avec l'ordre de sommation indiqué), et que l'on a :

$$G_1(z) - G(z) = H_1(z) - H(z) = 2\pi i/z.$$

De plus, il est clair que $G_1(-1/z) = z^2 G(-1/z)$. On en déduit :

$$G_1(-1/z) = z^2 G_1(z) - 2\pi i z. \tag{45}$$

D'autre part, un calcul analogue à celui de la proposition 8 donne :

$$G_1(z) = \frac{\pi^2}{3} - 8\pi^2 \sum_{n=1}^{\infty} \sigma_1(n)\, q^n. \tag{46}$$

Revenons à la fonction F définie par (43). Sa différentielle logarithmique est :

$$\frac{dF}{F} = \frac{dq}{q}\Big(1 - 24 \sum_{n,m=1}^{\infty} n q^{nm}\Big) = \frac{dq}{q}\Big(1 - 24 \sum_{n=1}^{\infty} \sigma_1(n)\, q^n\Big). \tag{47}$$

D'où, en comparant à (46)

$$\frac{dF}{F} = \frac{6i}{\pi} G_1(z)\, dz. \tag{48}$$

En combinant (45) et (48), on obtient

$$(49)\qquad \frac{dF(-1/z)}{d(-1/z)} = \frac{6i}{\pi} G_1(-1/z) \frac{dz}{z^2}$$

$$= \frac{6i}{\pi} \frac{dz}{z^2} (z^2 G_1(z) - 2\pi i z)$$

$$= \frac{dF(z)}{dz} + 12 \frac{dz}{z}.$$

Ainsi, les deux fonctions $F(-1/z)$ et $z^{12} F(z)$ ont même différentielle logarithmique. Il existe donc une constante k telle que $F(-1/z) = kz^{12} F(z)$ pour tout $z \in H$. Pour $z = 1$, on a $z^{12} = 1$, $-1/z = z$ et $F(z) \neq 0$, d'où $k = 1$, ce qui établit (44) et achève la démonstration.

Remarque. — On trouvera une autre démonstration « élémentaire » de l'identité (44) dans C. L. Siegel, *Gesamm. Abh.*, III, nº 62. Voir aussi *Seminar on Complex Multiplication*, VI, § 6.

4.5. *La fonction de Ramanujan.*

On note $\tau(n)$ le n-ième coefficient de la forme parabolique $F(z) = (2\pi)^{-12} \Delta(z)$. On a donc :

$$(50)\qquad \sum_{n=1}^{\infty} \tau(n)\, q^n = q \prod_{n=1}^{\infty} (1 - q^n)^{24}.$$

La fonction $n \mapsto \tau(n)$ s'appelle la *fonction de Ramanujan.*

Table numérique (1)

$\tau(1) = 1,\quad \tau(2) = -24,\quad \tau(3) = 252,\quad \tau(4) = -1472$
$\tau(5) = 4830,\quad \tau(6) = -6048,\quad \tau(7) = -16744$
$\tau(8) = 84480,\quad \tau(9) = -113643,\quad \tau(10) = -115920$
$\tau(11) = 534612,\quad \tau(12) = -370944.$

(1) Cette table est extraite de D. H. LEHMER, Ramanujan's function $\tau(n)$, *Duke Math. J.*, 10, 1943, où l'on trouvera les valeurs de $\tau(n)$ pour $n \leqslant 300$.

Propriétés des $\tau(n)$

(51) $$\tau(n) = O(n^6)$$

puisque Δ est de poids 12, cf. n° 4.3, théorème 5.

(52) $$\tau(nm) = \tau(n)\,\tau(m) \quad \text{si} \quad (n, m) = 1$$

(53) $$\tau(p^{n+1}) = \tau(p)\,\tau(p^n) - p^{11}\tau(p^{n-1})$$

pour p premier, $n \geqslant 1$

cf. n° 5.5 ci-après.

Une autre façon d'énoncer (52) et (53) consiste à dire que la série de Dirichlet $L_\tau(s) = \sum_{n=1}^{\infty} \tau(n)/n^s$ admet le développement eulérien suivant :

(54) $$L_\tau(s) = \prod_{p \in P} \frac{1}{1 - \tau(p)\,p^{-s} + p^{11-2s}}$$

cf. n° 5.4.

D'après Hecke (cf. n° 5.4), la fonction L_τ se prolonge en une *fonction entière* dans tout le plan complexe, et la fonction

$$(2\pi)^{-s}\,\Gamma(s)\,L_\tau(s)$$

est *invariante* par $s \mapsto 12 - s$.

Les $\tau(n)$ vérifient diverses *congruences* modulo 2^{12}, 3^6, 5^3, 7, 23, 691. Citons en particulier (sans démonstration) :

(55) $$\tau(n) \equiv n^2\sigma_7(n) \pmod{3^3}$$

(56) $$\tau(n) \equiv n\sigma_3(n) \pmod{7}$$

(57) $$\tau(n) \equiv \sigma_{11}(n) \pmod{691}.$$

Pour d'autres exemples, et leur interprétation en termes de « représentations l-adiques », voir *Sém. Delange-Pisot-Poitou 1967/68*, exposé 14, et *Sém. Bourbaki 1968/69*, exposé 355.

Signalons enfin deux *questions ouvertes* :

a) (conjecture de Ramanujan, cf. n° 5.6) est-il vrai que

$$|\tau(p)| < 2p^{11/2} \qquad \text{pour tout } p \text{ premier ?}$$

b) (Lehmer) est-il vrai que $\tau(n) \neq 0$ pour tout n ?

§ 5. Opérateurs de Hecke

5.1. *Définition des* T(n).

Notion de correspondance sur un ensemble. — Soit E un ensemble et soit X_E le groupe abélien libre engendré par E. On appelle *correspondance sur* E (à coefficients entiers) tout homomorphisme T de X_E dans lui-même. On peut se donner T par sa valeur sur les éléments x de E :

(58) $$T(x) = \sum_{y \in E} n_y(x)\, y, \qquad n_y(x) \in \mathbf{Z},$$

les $n_y(x)$ étant nuls pour presque tout y.

Soit F une fonction numérique sur E. Par $\mathbf{Z}$-linéarité, elle se prolonge en une fonction, encore notée F, sur X_E. On appelle transformée de F par T, et l'on note TF, la restriction à E de la fonction $F \circ T$. Avec les notations de (58), on a

(59) $$TF(x) = F(T(x)) = \sum_{y \in E} n_y(x)\, F(y).$$

Les T(n). — Soit $\mathscr{R}$ l'ensemble des réseaux de $\mathbf{C}$ (cf. nº 2.2). Soit n un entier $\geqslant 1$. On note T(n) *la correspondance sur* $\mathscr{R}$ *qui transforme un réseau en la somme* (dans $X_{\mathscr{R}}$) *de ses sous-réseaux d'indice* n. On a donc :

(60) $$T(n)\,\Gamma = \sum_{(\Gamma : \Gamma') = n} \Gamma', \qquad \text{si } \Gamma \in \mathscr{R}.$$

La somme du deuxième membre est finie : en effet, les réseaux Γ' contiennent tous $n\Gamma$; leur nombre est aussi le nombre des sous-groupes d'ordre n de $\Gamma/n\Gamma = (\mathbf{Z}/n\mathbf{Z})^2$, Si n est premier, on voit facilement qu'il y en a $n+1$ (nombre de points de la droite projective sur le corps à n éléments).

Nous utiliserons aussi les opérateurs d'homothétie R_λ ($\lambda \in \mathbf{C}^*$) définis par

(61) $$R_\lambda\,\Gamma = \lambda\Gamma \qquad \text{si } \Gamma \in \mathscr{R}.$$

Formulaire. — On peut *composer* les correspondances $T(n)$ et R_λ entre elles, puisque ce sont des endomorphismes du groupe abélien $X_{\mathcal{R}}$.

PROPOSITION 10. — *Les correspondances* $T(n)$ *et* R_λ *vérifient les identités*

$$R_\lambda R_\mu = R_{\lambda\mu} \qquad (\lambda, \mu \in \mathbf{C}^*). \tag{62}$$

$$R_\lambda T(n) = T(n) R_\lambda \qquad (n \geqslant 1,\ \lambda \in \mathbf{C}^*). \tag{63}$$

$$T(m) T(n) = T(mn) \qquad \textit{si } (m, n) = 1. \tag{64}$$

$$T(p^n) T(p) = T(p^{n+1}) + pT(p^{n-1}) R_p \qquad (p \textit{ premier}, n \geqslant 1). \tag{65}$$

Les formules (62) et (63) sont triviales.

La formule (64) équivaut à l'assertion suivante : soient m, n deux entiers $\geqslant 1$ premiers entre eux, et soit Γ'' un sous-réseau d'un réseau Γ d'indice mn; il existe alors un unique sous-réseau Γ' de Γ, contenant Γ'', tel que $(\Gamma : \Gamma') = n$ et $(\Gamma' : \Gamma'') = m$. Cette assertion résulte elle-même du fait que le groupe Γ/Γ'', qui est d'ordre mn, se décompose de façon unique en somme directe d'un groupe d'ordre m et d'un groupe d'ordre n (théorème de Bezout).

Prouvons (65). Soit Γ un réseau. Alors $T(p^n) T(p) \Gamma$, $T(p^{n+1}) \Gamma$ et $T(p^{n-1}) R_p \Gamma$ sont des combinaisons linéaires de réseaux contenus dans Γ et d'indice p^{n+1} dans Γ (noter que $R_p \Gamma$ est d'indice p^2 dans Γ). Soit Γ'' un tel réseau; il est affecté, dans les termes précités, des coefficients a, b, c; tout revient à montrer que $a = b + pc$, i.e. que

$$a = 1 + pc,$$

car b est visiblement égal à 1.

Distinguons deux cas :

i) Γ'' n'est pas contenu dans $p\Gamma$. Alors $c = 0$ et a est le nombre des réseaux Γ', intermédiaires entre Γ et Γ'', et d'indice p dans Γ; un tel réseau Γ' contient $p\Gamma$. Dans $\Gamma/p\Gamma$, l'image de Γ' est d'indice p, et contient l'image de Γ'', qui est d'ordre p (donc aussi d'indice p puisque $\Gamma/p\Gamma$ est d'ordre p^2); il n'y a donc qu'un seul Γ' qui réponde à la question; d'où $a = 1$ et la formule $a = 1 + pc$ est vérifiée.

ii) $\Gamma'' \subset p\Gamma$. On a $c = 1$; n'importe quel réseau Γ' d'indice p dans Γ contient $p\Gamma$, donc *a fortiori* Γ''. D'où $a = p + 1$ et la formule $a = 1 + pc$ est encore vérifiée.

COROLLAIRE 1. — *Les* $T(p^n)$, $n \geqslant 1$, *sont des polynômes par rapport à* $T(p)$ *et* R_p.

Cela résulte de (65), par récurrence sur n.

COROLLAIRE 2. — *L'algèbre engendrée par les* R_λ *et les* $T(p)$, *p premier, est commutative; elle contient tous les* $T(n)$.

Cela résulte de la proposition 10 et du corollaire 1.

Action des $T(n)$ *sur les fonctions de poids* $2k$. — Soit F une fonction sur $\mathcal{R}$ de poids $2k$ (cf. nº 2.2); par définition, on a

$$R_\lambda F = \lambda^{-2k} F \qquad \text{pour tout } \lambda \in \mathbf{C}^*. \tag{66}$$

Soit n un entier $\geqslant 1$. La formule (63) montre que

$$R_\lambda(T(n)\,F) = T(n)\,(R_\lambda F) = \lambda^{-2k}\,T(n)\,F,$$

autrement dit $T(n)\,F$ *est aussi de poids* $2k$. Les formules (64) et (65) donnent :

$$T(m)\,T(n)\,F = T(mn)\,F \qquad \text{si } (m, n) = 1; \tag{67}$$

$$T(p)\,T(p^n)\,F = T(p^{n+1})\,F + p^{1-2k}\,T(p^{n-1})\,F, \qquad p \text{ premier}, \ n \geqslant 1. \tag{68}$$

5.2. *Un lemme matriciel.*

Soit Γ un réseau, de base (ω_1, ω_2), et soit n un entier $\geqslant 1$. Le lemme suivant donne le moyen de construire tous les sous-réseaux de Γ d'indice n :

LEMME 2. — *Soit* S_n *l'ensemble des matrices entières* $\begin{pmatrix} a & b \\ 0 & d \end{pmatrix}$, *avec* $ad = n$, $a \geqslant 1$, $0 \leqslant b < d$. *Si* $\sigma = \begin{pmatrix} a & b \\ 0 & d \end{pmatrix}$ *appartient à* S_n, *soit* Γ_σ *le sous-réseau de* Γ *ayant pour base :*

$$\omega'_1 = a\omega_1 + b\omega_2, \qquad \omega'_2 = d\omega_2.$$

L'application $\sigma \mapsto \Gamma_\sigma$ *est une bijection de* S_n *sur l'ensemble* $\Gamma(n)$ *des sous-réseaux d'indice* n *de* Γ.

Le fait que Γ_σ appartienne à $\Gamma(n)$ est immédiat. Inversement, soit $\Gamma' \in \Gamma(n)$. Posons :

$$Y_1 = \Gamma/(\Gamma' + \mathbf{Z}\omega_2) \qquad \text{et} \qquad Y_2 = \mathbf{Z}\omega_2/(\Gamma' \cap \mathbf{Z}\omega_2).$$

Ce sont des groupes cycliques, engendrés respectivement par les images de ω_1 et de ω_2. Soient a et d leurs ordres. La suite exacte

$$0 \to Y_2 \to \Gamma/\Gamma' \to Y_1 \to 0$$

montre que $ad = n$. Si $\omega'_2 = d\omega_2$, on a $\omega'_2 \in \Gamma'$. D'autre part, il existe $\omega'_1 \in \Gamma'$ tel que

$$\omega'_1 \equiv a\omega_1 \qquad (\operatorname{mod} \mathbf{Z}\omega_2).$$

Il est clair que ω'_1 et ω'_2 forment une base de Γ'. De plus, on peut écrire ω'_1 sous la forme

$$\omega'_1 = a\omega_1 + b\omega_2, \qquad \text{avec } b \in \mathbf{Z},$$

où b est déterminé de façon unique modulo d; si l'on impose à b l'inégalité $0 \leqslant b < d$, cela détermine b, donc aussi ω'_1. On a donc associé à tout $\Gamma' \in \Gamma(n)$ une matrice $\sigma(\Gamma') \in S_n$; on vérifie tout de suite que les applications $\sigma \mapsto \Gamma_\sigma$ et $\Gamma' \mapsto \sigma(\Gamma')$ sont inverses l'une de l'autre; d'où le lemme.

Exemple. — Si p est premier, S_p se compose de la matrice $\begin{pmatrix} p & 0 \\ 0 & 1 \end{pmatrix}$ et des p matrices $\begin{pmatrix} 1 & b \\ 0 & p \end{pmatrix}$ avec $0 \leqslant b < p$.

5.3. *L'action des* T(n) *sur les fonctions modulaires.*

Soit k un entier, et soit f une fonction faiblement modulaire de poids $2k$, cf. n° 2.1. Comme on l'a vu au n° 2.2, il lui correspond une fonction F de poids $2k$ sur $\mathcal{R}$ telle que

$$(69) \qquad F(\Gamma(\omega_1, \omega_2)) = \omega_2^{-2k} f(\omega_1/\omega_2).$$

Nous définirons $T(n)f$ comme *la fonction sur* H *associée à la fonction* $n^{2k-1}\,T(n)\,F$ *sur* $\mathcal{R}$ (noter le coefficient numérique n^{2k-1} qui permet d'avoir des formules « sans dénominateur » par la suite). On a donc, par définition :

$$(70) \qquad T(n)f(z) = n^{2k-1}\,T(n)\,F(\Gamma(z, 1))$$

ou encore, grâce au lemme 2 :

$$(71) \qquad T(n)f(z) = n^{2k-1} \sum_{\substack{a \geqslant 1,\, ad = n \\ 0 \leqslant b < d}} d^{-2k} f\left(\frac{az+b}{d}\right).$$

PROPOSITION 11. — *La fonction* $T(n)f$ *est faiblement modulaire de poids* $2k$; *elle est holomorphe sur* H *si* f *l'est. On a*

$$(72) \qquad T(m)\,T(n)f = T(mn)f \qquad si\ (m, n) = 1;$$

$$(73) \qquad T(p)\,T(p^n)f = T(p^{n+1})f + p^{2k-1}\,T(p^{n-1})f \qquad p\ premier,\ n \geqslant 1.$$

La formule (71) montre que $T(n)f$ est méromorphe sur H, donc faiblement modulaire; si de plus f est holomorphe, il en est de même de $T(n)f$. Les formules (72) et (73) résultent des formules (67) et (68), compte tenu du coefficient numérique n^{2k-1} incorporé dans la définition de $T(n)f$.

Comportement à l'infini. — Supposons que f soit une *fonction modulaire*, i.e. soit méromorphe à l'infini. Soit

$$(74) \qquad f(z) = \sum_{m \in \mathbf{Z}} c(m)\, q^m$$

son développement de Laurent par rapport à $q = e^{2\pi i z}$.

PROPOSITION 12. — *La fonction* $\mathrm{T}(n)f$ *est une fonction modulaire. On a*

$$(75) \qquad \mathrm{T}(n)f(z) = \sum_{m \in \mathbf{Z}} \gamma(m)\, q^m$$

avec

$$(76) \qquad \gamma(m) = \sum_{\substack{a \mid (n,m) \\ a \geqslant 1}} a^{2k-1} c\Big(\frac{mn}{a^2}\Big).$$

On a par définition :

$$\mathrm{T}(n)f(z) = n^{2k-1} \sum_{\substack{ad = n,\, a \geqslant 1 \\ 0 \leqslant b < d}} d^{-2k} \sum_{m \in \mathbf{Z}} c(m)\, e^{2\pi i \frac{az+b}{d} m}.$$

Or

$$\sum_{0 \leqslant b < d} e^{2\pi i \frac{bm}{d}}$$

vaut d si d divise m, et sinon vaut 0. On peut donc écrire, en posant $m/d = m'$:

$$\mathrm{T}(n)f(z) = n^{2k-1} \sum_{\substack{ad = n \\ a \geqslant 1,\, m' \in \mathbf{Z}}} d^{-2k+1} c(m'd)\, q^{am'}.$$

Ordonnons suivant les puissances de q :

$$\mathrm{T}(n)f(z) = \sum_{\mu \in \mathbf{Z}} q^{\mu} \sum_{\substack{a \mid (n,\mu) \\ a \geqslant 1}} \Big(\frac{n}{d}\Big)^{2k-1} c\Big(\frac{\mu d}{a}\Big).$$

Puisque f est méromorphe à l'infini, il existe un entier $\mathrm{N} \geqslant 0$ tel que $c(m) = 0$ si $m \leqslant -\mathrm{N}$. Les $c\big(\frac{\mu d}{a}\big)$ sont alors nuls pour $\mu \leqslant -n\mathrm{N}$, ce qui montre que $\mathrm{T}(n)f$ est également méromorphe à l'infini; comme elle est faiblement modulaire, c'est bien une fonction modulaire. Le fait que ses coefficients soient donnés par la formule (76) résulte du calcul ci-dessus.

COROLLAIRE 1. — $\gamma(0) = \sigma_{2k-1}(n)\, c(0)$ *et* $\gamma(1) = c(n)$.

COROLLAIRE 2. — *Si* $n = p$, *avec* p *premier, on a*

$$\gamma(m) = c(pm) \qquad \text{si } m \not\equiv 0 \pmod{p}$$
$$\gamma(m) = c(pm) + p^{2k-1} c(m/p) \qquad \text{si } m \equiv 0 \pmod{p}.$$

COROLLAIRE 3. — *Si* f *est une forme modulaire (resp. une forme parabolique), il en est de même de* $\mathrm{T}(n) f$.

C'est clair.

Ainsi, les $\mathrm{T}(n)$ *opèrent* sur les espaces M_k et M_k^0 du nº 3.2. D'après ce qu'on a vu plus haut, les opérateurs ainsi définis *commutent* entre eux et vérifient les identités :

$$\mathrm{T}(m)\,\mathrm{T}(n) = \mathrm{T}(mn) \qquad \text{si } (m, n) = 1 \tag{72}$$

$$\mathrm{T}(p)\,\mathrm{T}(p^n) = \mathrm{T}(p^{n+1}) + p^{2k-1}\,\mathrm{T}(p^{n-1}) \tag{73}$$
$$\text{si } p \text{ est premier, } n \geqslant 1.$$

5.4. *Fonctions propres des* $\mathrm{T}(n)$.

Soit $f(z) = \sum_{n=0}^{\infty} c(n)\, q^n$ une forme modulaire de poids $2k$, $k > 0$, non identiquement nulle. Supposons que f soit *fonction propre* de tous les $\mathrm{T}(n)$, i.e. qu'il existe une suite de nombres complexes $\lambda(n)$ tels que

$$\mathrm{T}(n) f = \lambda(n) f \qquad \text{pour tout } n \geqslant 1. \tag{77}$$

THÉORÈME 7. — a) *Le coefficient* $c(1)$ *de* q *dans* f *est* $\neq 0$.

b) *Si* f *est normalisée de telle sorte que* $c(1) = 1$, *on a*

$$c(n) = \lambda(n) \qquad \textit{pour tout } n \geqslant 1. \tag{78}$$

Le corollaire 1 à la proposition 12 montre que le coefficient de q dans $\mathrm{T}(n) f$ est $c(n)$. D'autre part, d'après (77), c'est aussi $\lambda(n)\, c(1)$. On a donc :

$$c(n) = \lambda(n)\, c(1).$$

Si $c(1)$ était nul, tous les $c(n)$, $n > 0$, seraient nuls, et f serait une constante ce qui est absurde. D'où a) et b).

Corollaire 1. — *Deux formes modulaires de poids* $2k, k > 0$, *qui sont fonctions propres des* $T(n)$ *avec les mêmes valeurs propres* $\lambda(n)$, *et qui sont normalisées, coïncident.*

Cela résulte de a), appliqué à la différence des deux fonctions en question.

Corollaire 2. — *Sous les hypothèses du théorème* 7, b), *on a*

(79) $$c(m)\,c(n) = c(mn) \qquad \textit{si } (m, n) = 1.$$

(80) $$c(p)\,c(p^n) = c(p^{n+1}) + p^{2k-1}c(p^{n-1}) \qquad \textit{si } p \textit{ est premier, } n \geqslant 1.$$

En effet, les valeurs propres $\lambda(n) = c(n)$ vérifient les mêmes identités (72) et (73) que les $T(n)$.

Les formules (79) et (80) peuvent se traduire analytiquement de la manière suivante :

Soit

(81) $$\Phi_f(s) = \sum_{n=1}^{\infty} c(n)/n^s$$

la série de Dirichlet définie par les $c(n)$; d'après le corollaire au théorème 5, cette série converge absolument pour $R(s) > 2k$.

Corollaire 3. — *On a*

(82) $$\Phi_f(s) = \prod_{p \in P} \frac{1}{1 - c(p)\,p^{-s} + p^{2k-1-2s}}.$$

D'après (79), la fonction $n \mapsto c(n)$ est multiplicative. Le lemme 4 du chapitre VII, nº 3.1, montre donc que $\Phi_f(s)$ est produit des séries $\sum_{n=0}^{\infty} c(p^n)\,p^{-ns}$. Posant $p^{-s} = T$, on voit que l'on est ramené à prouver l'identité :

(83) $$\sum_{n=0}^{\infty} c(p^n)\,T^n = \frac{1}{\Phi_{f,p}(T)},$$

où

$$\Phi_{f,p}(T) = 1 - c(p)\,T + p^{2k-1}T^2.$$

Formons la série

$$\psi(\mathrm{T}) = \Big(\sum_{n=0}^{\infty} c(p^n)\,\mathrm{T}^n\Big)\,(1 - c(p)\,\mathrm{T} + p^{2k-1}\,\mathrm{T}^2).$$

Le coefficient de T dans ψ est $c(p) - c(p) = 0$; celui de T^{n+1}, $n \geqslant 1$, est

$$c(p^{n+1}) - c(p)\,c(p^n) + p^{2k-1}\,c(p^{n-1}),$$

qui est nul d'après (80). La série ψ est donc réduite à son terme constant $c(1) = 1$, ce qui démontre (83).

Remarques. — 1) Inversement, les formules (81) et (82) entraînent (79) et (80).

2) Hecke a démontré que Φ_f se prolonge analytiquement en une fonction méromorphe dans tout le plan complexe (qui est même holomorphe si f est parabolique), et que la fonction

(84) $$\mathrm{X}_f(s) = (2\pi)^{-s}\,\Gamma(s)\,\Phi_f(s)$$

vérifie *l'équation fonctionnelle* :

(85) $$\mathrm{X}_f(s) = (-1)^k\,\mathrm{X}_f(2k - s).$$

La démonstration utilise la *formule de Mellin* :

$$\mathrm{X}_f(s) = \int_0^{\infty} (f(iy) - f(\infty))\,y^s\,dy/y$$

combinée avec l'identité $f(-1/z) = z^{2k} f(z)$. Hecke a également démontré une réciproque : toute série de Dirichlet Φ qui vérifie une équation fonctionnelle de ce type, ainsi que certaines hypothèses de régularité et de croissance, provient d'une forme modulaire f de poids $2k$; de plus, f est une fonction propre normalisée des $\mathrm{T}(n)$ si et seulement si Φ est un produit eulérien du type (82). Voir là-dessus E. Hecke, *Math. Werke*, n° 33, ainsi que A. Weil, *Math. Annalen*, 168, 1967.

5.5. *Exemples.*

a) *Séries d'Eisenstein.* — Soit k un entier $\geqslant 2$.

PROPOSITION 13. — *La série d'Eisenstein* G_k *est fonction propre des* $T(n)$; *les valeurs propres correspondantes sont les* $\sigma_{2k-1}(n)$, *et la fonction propre normalisée est* :

$$(86) \qquad (-1)^k \frac{B_k}{4k} E_k = (-1)^k \frac{B_k}{4k} + \sum_{n=1}^{\infty} \sigma_{2k-1}(n)\, q^n.$$

La série de Dirichlet correspondante est $\zeta(s)\,\zeta(s-2k+1)$.

Prouvons d'abord que G_k est fonction propre des $T(n)$; il suffit de le faire pour les $T(p)$, p premier. Considérons G_k comme une fonction sur l'ensemble $\mathscr{R}$ des réseaux de $\mathbf{C}$; on a

$$G_k(\Gamma) = \sum_{\gamma \in \Gamma}{}' 1/\gamma^{2k} \qquad (\text{cf. n}^\text{o}\, 2.3),$$

et

$$T(p)\, G_k(\Gamma) = \sum_{(\Gamma:\Gamma')=p} \sum_{\gamma \in \Gamma'}{}' 1/\gamma^{2k}.$$

Soit $\gamma \in \Gamma$. Si $\gamma \in p\Gamma$, γ appartient à chacun des $p+1$ sous-réseaux de Γ d'indice p ; sa contribution dans $T(p)\, G_k(\Gamma)$ est $(p+1)/\gamma^{2k}$. Si $\gamma \in \Gamma - p\Gamma$, γ n'appartient qu'à un seul sous-réseau d'indice p et sa contribution est $1/\gamma^{2k}$. On a donc :

$$\begin{aligned} T(p)\, G_k(\Gamma) &= G_k(\Gamma) + p \sum_{\gamma \in p\Gamma} 1/\gamma^{2k} = G_k(\Gamma) + pG_k(p\Gamma) \\ &= (1 + p^{1-2k})\, G_k(\Gamma), \end{aligned}$$

ce qui montre que G_k (considérée comme *fonction sur* $\mathscr{R}$) est fonction propre de $T(p)$ pour la valeur propre $1 + p^{1-2k}$; considérée comme forme modulaire, G_k est donc fonction propre de $T(p)$ pour la valeur propre :

$$p^{2k-1}(1 + p^{1-2k}) = \sigma_{2k-1}(p).$$

Les formules (34) et (36) du nº 4.2 montrent que la fonction propre *normalisée* associée à G_k est :

$$(-1)^k \frac{B_k}{4k} + \sum_{n=1}^{\infty} \sigma_{2k-1}(n)\, q^n.$$

On en déduit que les valeurs propres des $T(n)$ sont les $\sigma_{2k-1}(n)$.

Enfin :

$$\begin{aligned}\sum_{n=1}^{\infty} \sigma_{2k-1}(n)/n^s &= \sum_{a,d \geqslant 1} a^{2k-1}/a^s d^s \\ &= \Big(\sum_{d \geqslant 1} 1/d^s\Big)\Big(\sum_{a \geqslant 1} 1/a^{s+1-2k}\Big) \\ &= \zeta(s)\,\zeta(s-2k+1).\end{aligned}$$

b) *La fonction* Δ.

PROPOSITION 14. — *La fonction* Δ *est fonction propre des* $T(n)$; *les valeurs propres correspondantes sont les* $\tau(n)$, *et la fonction propre normalisée est* :

$$(2\pi)^{-12}\Delta = q \prod_{n=1}^{\infty} (1-q^n)^{24} = \sum_{n=1}^{\infty} \tau(n)\, q^n.$$

C'est évident, puisque l'espace des formes paraboliques de poids 12 est de dimension 1, et qu'il est stable par les $T(n)$.

COROLLAIRE. — *On a*

(52) $\tau(nm) = \tau(n)\,\tau(m)$ *si* $(n, m) = 1$

(53) $\tau(p)\,\tau(p^n) = \tau(p^{n+1}) + p^{11}\tau(p^{n-1})$ *si* p *est premier*, $n \geqslant 1$.

Cela résulte du corollaire 2 au théorème 7.

Remarque. — On a des résultats analogues chaque fois que l'espace M_k^0 des formes paraboliques de poids $2k$ est de dimension 1, ce qui se produit pour $k = 6, 8, 9, 10, 11$ avec pour base respectivement Δ, ΔG_2, ΔG_3, ΔG_4, ΔG_5.

5.6. *Compléments.*

5.6.1. *Le produit scalaire de Petersson.*

Soient f, g deux formes paraboliques de poids $2k$, avec $k > 0$. On vérifie facilement que la mesure

$$\mu(f, g) = f(z)\,\overline{g(z)}\,y^{2k}\,dx\,dy/y^2 \qquad (x = \mathrm{R}(z),\ y = \mathrm{Im}\,(z))$$

est *invariante* par G et que c'est une mesure *bornée* sur l'espace quotient H/G. En posant

$$(87) \qquad \langle f, g \rangle = \int_{\mathrm{H/G}} \mu(f, g) = \int_{\mathrm{D}} f(z)\,\overline{g(z)}\,y^{2k-2}\,dx\,dy$$

on obtient un *produit scalaire hermitien* sur M_k^0, qui est *positif* et *non dégénéré*. On vérifie en outre que l'on a

$$(88) \qquad \langle \mathrm{T}(n) f, g \rangle = \langle f, \mathrm{T}(n)\, g \rangle$$

ce qui signifie que les $\mathrm{T}(n)$ sont des opérateurs *hermitiens* par rapport à $\langle f, g \rangle$. Comme les $\mathrm{T}(n)$ commutent entre eux, on en déduit, par un argument bien connu, qu'*il existe une base orthogonale de* M_k^0 *formée de vecteurs propres des* $\mathrm{T}(n)$, et que les valeurs propres des $\mathrm{T}(n)$ sont des *nombres réels.*

5.6.2. *Propriétés d'intégralité.*

Soit $\mathrm{M}_k(\mathbf{Z})$ l'ensemble des formes modulaires

$$f = \sum_{n=0}^{\infty} c(n)\, q^n$$

de poids $2k$ dont les coefficients $c(n)$ sont *entiers*. On peut prouver qu'il existe une $\mathbf{Z}$-base de $\mathrm{M}_k(\mathbf{Z})$ qui est une $\mathbf{C}$-base de M_k (utiliser le fait que $\mathrm{M}_k(\mathbf{Z})$ contient les monômes $\mathrm{E}_2^\alpha \mathrm{E}_3^\beta$, avec $2\alpha + 3\beta = k$). La proposition 12 montre que $\mathrm{M}_k(\mathbf{Z})$ est stable par $\mathrm{T}(n)$, $n \geqslant 1$. On en conclut que *les coefficients du polynôme caractéristique de* $\mathrm{T}(n)$, opérant sur M_k, *sont des entiers* ([1]) ; en particulier, les

([1]) Signalons qu'il existe une *formule explicite* donnant la trace des $\mathrm{T}(n)$, cf. M. Eichler et A. Selberg, *Journ. Indian Math. Soc.*, 20, 1956.

valeurs propres des $\mathrm{T}(n)$ sont des *entiers algébriques* (« totalement réels », d'après 5.6.1).

5.6.3. *La conjecture de Ramanujan-Petersson.*

Soit $f = \sum_{n \geqslant 1} c(n)\, q^n$, $c(1) = 1$, une forme parabolique de poids $2k$ qui soit fonction propre normalisée des $\mathrm{T}(n)$. Soit

$$\Phi_{f,p}(\mathrm{T}) = 1 - c(p)\,\mathrm{T} + p^{2k-1}\mathrm{T}^2, \qquad p \text{ premier}$$

le polynôme défini au nº 5.4, formule (83). On peut l'écrire

$$\Phi_{f,p}(\mathrm{T}) = (1 - \alpha_p\mathrm{T})\,(1 - \alpha'_p\mathrm{T})\,, \tag{89}$$

avec

$$\alpha_p + \alpha'_p = c(p), \qquad \alpha_p\,\alpha'_p = p^{2k-1}. \tag{90}$$

La *conjecture de Petersson* consiste à dire que α_p et α'_p sont *imaginaires conjugués*; on peut aussi l'exprimer en disant que

$$|\alpha_p| = |\alpha'_p| = p^{k-1/2}$$

ou encore

$$|c(p)| \leqslant 2p^{k-1/2}$$

ou encore

$$|c(n)| \leqslant n^{k-1/2}\sigma_0(n) \qquad \text{pour tout } n \geqslant 1.$$

Pour $k = 6$, c'est la conjecture de Ramanujan :

$$|\tau(p)| \leqslant 2p^{11/2}.$$

(Ces conjectures peuvent être ramenées aux conjectures générales de Weil sur les variétés algébriques sur les corps finis; voir là-dessus P. Deligne, *Sém. Bourbaki 1968/69*, exposé 355.)

§ 6. Fonctions thêta

6.1. *La formule de Poisson.*

Soit V un espace vectoriel réel, de dimension finie n, muni d'une mesure invariante μ. Soit V′ le *dual* de V. Soit f une fonction indéfiniment différentiable à décroissance rapide sur V (cf. L. Schwartz, *Théorie des Distributions*, chap. VII, § 3). La *transformée de Fourier* f' de f est définie par la formule

$$f'(y) = \int_{\mathrm{V}} e^{-2i\pi\langle x,y\rangle} f(x)\,\mu(x). \tag{91}$$

C'est une fonction indéfiniment différentiable à décroissance rapide sur V′.

Soit maintenant Γ un *réseau* de V (cf. n° 2.2). Nous noterons Γ′ le réseau de V′ *dual* de Γ; c'est l'ensemble des $y \in \mathrm{V}'$ tels que $\langle x, y\rangle \in \mathbf{Z}$ pour tout $x \in \Gamma$. On vérifie tout de suite que Γ′ s'identifie au **Z**-dual de Γ (d'où la terminologie).

Proposition 15. — *Soit* $v = \mu(\mathrm{V}/\Gamma)$. *On a*

$$\sum_{x\in\Gamma} f(x) = v^{-1} \sum_{y\in\Gamma'} f'(y). \tag{92}$$

Quitte à remplacer μ par $v^{-1}\mu$, on peut supposer que $\mu(\mathrm{V}/\Gamma) = 1$. En prenant une base $e_1, \ldots, e_n$ de Γ, on identifie V à $\mathbf{R}^n$, Γ à $\mathbf{Z}^n$, et μ à la mesure produit $dx_1 \ldots dx_n$; on a alors $\mathrm{V}' = \mathbf{R}^n$, $\Gamma' = \mathbf{Z}^n$, et l'on est ramené à la formule de Poisson classique (Schwartz, *loc. cit.*, formule (VII, 7; 5)).

6.2. *Application aux formes quadratiques.*

Nous supposerons désormais que V est muni d'une forme bilinéaire symétrique $x.y$ qui est *positive non dégénérée* (i.e. on a $x.x > 0$ si $x \neq 0$).

Nous identifierons V à V′ au moyen de la forme bilinéaire précédente. Le réseau Γ' devient ainsi un *réseau* de V; on a $y \in \Gamma'$ si et seulement si $x.y \in \mathbf{Z}$ pour tout $x \in \Gamma$.

Au réseau Γ, nous associerons la fonction suivante, définie sur $\mathbf{R}_+^*$:

$$\Theta_\Gamma(t) = \sum_{x \in \Gamma} e^{-\pi t x.x}. \tag{93}$$

Enfin, nous choisirons la mesure invariante μ de V de telle sorte que, si $\varepsilon_1, \ldots, \varepsilon_n$ est une base orthonormale de V, le cube unité défini par les ε_i ait un volume égal à 1. Le volume v du réseau Γ est alors défini par $v = \mu(V/\Gamma)$ cf. nº 6.1.

PROPOSITION 16. — *On a l'identité*

$$\Theta_\Gamma(t) = t^{-n/2} v^{-1} \Theta_{\Gamma'}(t^{-1}). \tag{94}$$

Soit $f = e^{-\pi x.x}$. C'est une fonction indéfiniment différentiable à décroissance rapide sur V. La transformée de Fourier f' de f *est égale à* f. En effet, choisissons une base orthonormale de V, et utilisons cette base pour identifier V à $\mathbf{R}^n$; la mesure μ devient la mesure $dx = dx_1 \ldots dx_n$, et la fonction f s'écrit

$$f = e^{-\pi(x_1^2 + \ldots + x_n^2)}.$$

On est alors ramené à montrer que la transformée de Fourier de $e^{-\pi x^2}$ est $e^{-\pi x^2}$, ce qui est bien connu.

On peut maintenant appliquer la proposition 15 à la fonction f et au réseau $t^{1/2}\Gamma$; le volume de ce réseau est $t^{n/2} v$, et son dual est $t^{-1/2}\Gamma'$; en explicitant, on obtient la formule à démontrer.

6.3. *Interprétation matricielle.*

Soit $e_1, \ldots, e_n$ une base de Γ. Soit $a_{ij} = e_i.e_j$. La matrice $A = (a_{ij})$ est une matrice symétrique, positive non dégénérée. Si $x = \sum x\, e_i$ est un élément de V, on a

$$x.x = \sum a_{ij} x_i x_j.$$

La fonction Θ_Γ s'écrit :

$$\Theta_\Gamma(t) = \sum_{x_i \in \mathbf{Z}} e^{-\pi t \Sigma a_{ij} x_i x_j}. \tag{95}$$

Le *volume* v de Γ est donné par la formule

$$v = \det(\mathrm{A})^{1/2}. \tag{96}$$

Cela peut se voir de la manière suivante : soit $\varepsilon_1, \ldots, \varepsilon_n$ une base orthonormale de V, et posons

$$\varepsilon = \varepsilon_1 \wedge \ldots \wedge \varepsilon_n, \qquad e = e_1 \wedge \ldots \wedge e_n.$$

On a $e = \lambda\varepsilon$, avec $|\lambda| = v$. D'autre part, on a :

$$e.e = \det(\mathrm{A})\, \varepsilon.\varepsilon;$$

en comparant, on obtient bien $v^2 = \det(\mathrm{A})$.

Soit $\mathrm{B} = (b_{ij})$ la matrice inverse de A. On vérifie tout de suite que la base duale (e'_i) de (e_i) est donnée par les formules :

$$e'_i = \sum b_{ij}\, e_j.$$

Les (e'_i) forment une base de Γ'. La matrice $e'_i . e'_j$ est égale à B. On en conclut en particulier que, si l'on pose $v' = \mu(\mathrm{V}/\Gamma')$, on a $vv' = 1$.

6.4. *Cas particulier.*

Nous allons nous intéresser aux couples (V, Γ) qui vérifient les deux conditions suivantes :

i) *Le dual* Γ' *de* Γ *est égal à* Γ.

Il revient au même de dire que l'on a $x.y \in \mathbf{Z}$ pour $x, y \in \Gamma$ et que la forme $x.y$ définit un *isomorphisme* de Γ sur son dual. En termes matriciels, cela revient à demander que la matrice $\mathrm{A} = (e_i . e_j)$ soit *à coefficients entiers* et que *son déterminant soit égal à 1*; d'après (96), cette dernière condition équivaut à $v = 1$.

Si $n = \dim \mathrm{V}$, cette condition entraîne que le module quadratique Γ appartient à la catégorie S_n définie au nº 1.1 du chapitre V. Inversement, si $\Gamma \in \mathrm{S}_n$ est défini positif, et si l'on pose $V = \Gamma \otimes \mathbf{R}$, le couple (V, Γ) vérifie i).

ii) *On a* $x.x \equiv 0 \pmod 2$ *pour tout* $x \in \Gamma$.

Cela signifie que Γ est *de type II*, au sens du chapitre V, nº 1.3.4, ou encore que les termes diagonaux $e_i.e_i$ de la matrice A sont *pairs*.

Nous avons donné au chapitre V des exemples de tels réseaux Γ.

6.5. *Les fonctions thêta.*

Dans ce numéro, ainsi que dans le suivant, nous supposons que le couple (V, Γ) satisfait aux conditions i) et ii) du numéro précédent.

Soit m un entier $\geqslant 0$, et notons $r_\Gamma(m)$ le nombre des éléments x de Γ tels que $x.x = 2m$. Il est facile de voir que $r_\Gamma(m)$ est majoré par un polynôme en m (et même, plus précisément, que $r_\Gamma(m) = O(m^{n/2})$). Il en résulte que la série entière

$$\sum_{m=0}^{\infty} r_\Gamma(m)\, q^m = 1 + r_\Gamma(1)\, q + \dots$$

converge pour $|q| < 1$. On peut donc définir une fonction θ_Γ sur le demi-plan H par la formule :

$$(97) \qquad \theta_\Gamma(z) = \sum_{m=0}^{\infty} r_\Gamma(m)\, q^m \qquad (\text{où } q = e^{2\pi i z}).$$

On a :

$$(98) \qquad \theta_\Gamma(z) = \sum_{x \in \Gamma} q^{(x.x)/2} = \sum_{x \in \Gamma} e^{\pi i z (x.x)}.$$

La fonction θ_Γ est appelée la *fonction thêta* du module quadratique Γ. C'est une fonction holomorphe sur H.

THÉORÈME 8. — a) *La dimension n de* V *est divisible par* 8.

b) *La fonction θ_Γ est une forme modulaire de poids $n/2$.*

L'assertion a) a déjà été démontrée (chap. V, nº 2.1, cor. 2 au th. 2).

Montrons que θ_Γ vérifie l'identité

$$(99) \qquad \theta_\Gamma(-1/z) = (-iz)^{n/2}\,\theta_\Gamma(z).$$

Comme les deux membres sont analytiques en z, il suffit de prouver cette formule lorsque $z = it$, avec t réel > 0. Or on a :

$$\theta_\Gamma(it) = \sum_{x \in \Gamma} e^{-\pi t(x.x)} = \Theta_\Gamma(t).$$

De même, $\theta_\Gamma(-1/it) = \Theta_\Gamma(t^{-1})$. La formule (99) résulte donc de (94), compte tenu de ce que $v = 1$ et $\Gamma' = \Gamma$.

Comme n est divisible par 8, on peut récrire (99) sous la forme :

$$(100) \qquad \theta_\Gamma(-1/z) = z^{n/2}\,\theta_\Gamma(z),$$

ce qui montre bien que θ_Γ est une forme modulaire de poids $n/2$.

[Indiquons brièvement une autre démonstration de a). Supposons que n ne soit pas divisible par 8; quitte à remplacer Γ par $\Gamma \oplus \Gamma$ ou $\Gamma \oplus \Gamma \oplus \Gamma \oplus \Gamma$, on peut supposer que $n \equiv 0 \pmod 4$. La formule (99) s'écrit alors :

$$\theta_\Gamma(-1/z) = (-1)^{n/4}\,z^{n/2}\,\theta_\Gamma(z) = -\,z^{n/2}\,\theta_\Gamma(z).$$

Si l'on pose $\omega(z) = \theta_\Gamma(z)\,dz^{n/4}$, on voit que la forme différentielle ω est transformée en $-\,\omega$ par $S : z \mapsto -1/z$. Comme ω est invariante par $T : z \mapsto z + 1$, on en conclut que ST transforme ω en $-\,\omega$, ce qui est absurde, puisque $(ST)^3 = 1$.]

COROLLAIRE 1. — *Il existe une forme parabolique f_Γ de poids $n/2$ telle que*

$$(101) \qquad \theta_\Gamma = E_k + f_\Gamma, \qquad \textit{où } k = n/4.$$

Cela résulte du fait que $\theta_\Gamma(\infty) = 1$, donc que $\theta_\Gamma - E_k$ est parabolique.

COROLLAIRE 2. — *On a* $r_\Gamma(m) = \frac{4k}{B_k}\sigma_{2k-1}(m) + O(m^k)$, *où* $k = n/4$.

Cela résulte du corollaire 1, de la formule (34) et du théorème 5.

Remarque. — Le « terme correctif » f_Γ est en général non nul. Toutefois Siegel a démontré que la *moyenne* (convenablement pondérée) *des* f_Γ *est nulle*. Plus précisément, soit C_n l'ensemble des classes (à isomorphisme près) de réseaux Γ vérifiant i) et ii), et soit g_Γ l'ordre du groupe d'automorphismes d'un élément Γ de C_n (cf. chap. V, nº 3.3). On a

$$\sum_{\Gamma\in C_n} \frac{1}{g_\Gamma} f_\Gamma = 0 \tag{102}$$

ou encore

$$\sum_{\Gamma\in C_n} \frac{1}{g_\Gamma}\theta_\Gamma = M_n . E_k, \qquad \text{où } M_n = \sum_{\Gamma\in C_n} \frac{1}{g_\Gamma}. \tag{103}$$

On notera que cela équivaut à dire que la moyenne des θ_Γ est *fonction propre* des $T(n)$.

Pour une démonstration des formules (102) et (103), voir C. L. Siegel, *Gesam. Abh.*, nº 20.

6.6. *Exemples.*

i) *Le cas* $n = 8$.

Toute forme parabolique de poids $n/2 = 4$ est nulle. Le corollaire 1 au théorème 8 montre que l'on a $\theta_\Gamma = E_2$, autrement dit :

$$r_\Gamma(m) = 240\sigma_3(m) \qquad \text{pour tout entier } m \geqslant 1. \tag{104}$$

Ceci s'applique au réseau Γ_8 construit au chapitre V, nº 1.4.3, réseau qui est d'ailleurs l'unique élément de C_8.

ii) *Le cas* $n = 16$.

Pour la même raison que ci-dessus, on a :

$$\theta_\Gamma = E_4 = 1 + 480 \sum_{m=1}^{\infty} \sigma_7(m)\, q^m. \tag{105}$$

Ici, on peut prendre $\Gamma = \Gamma_8 \oplus \Gamma_8$ ou $\Gamma = \Gamma_{16}$ (avec les notations du chap. V, n° 1.4.3) ; bien que ces deux réseaux ne soient pas isomorphes, ils ont même fonction thêta (ils représentent le même nombre de fois chaque entier).

On notera que la fonction θ attachée au réseau $\Gamma_8 \oplus \Gamma_8$ est le *carré* de la fonction θ de Γ_8. On retrouve ainsi l'identité :

$$\left(1 + 240 \sum_{m=1}^{\infty} \sigma_3(m)\, q^m\right)^2 = 1 + 480 \sum_{m=1}^{\infty} \sigma_7(m)\, q^m.$$

iii) *Le cas* $n = 24$.

L'espace des formes modulaires de poids 12 est de dimension 2. Il admet pour base :

$$E_6 = 1 + \frac{65520}{691} \sum_{m=1}^{\infty} \sigma_{11}(m)\, q^m$$

$$F = (2\pi)^{-12}\, \Delta = q \prod_{m=1}^{\infty} (1 - q^m)^{24} = \sum_{m=1}^{\infty} \tau(m)\, q^m.$$

La fonction thêta associée à un réseau Γ s'écrit donc

$$\theta_\Gamma = E_6 + c_\Gamma F, \qquad \text{avec } c_\Gamma \in \mathbf{Q}. \tag{106}$$

On a :

$$r_\Gamma(m) = \frac{65520}{691} \sigma_{11}(m) + c_\Gamma \tau(m) \qquad \text{pour } m \geqslant 1. \tag{107}$$

Le coefficient c_Γ se détermine en faisant $m = 1$:

$$c_\Gamma = r_\Gamma(1) - \frac{65520}{691}. \tag{108}$$

On notera qu'il est $\neq 0$ puisque 65520/691 n'est pas un entier.

Exemples

a) Le réseau Γ construit par J. Leech (*Canad. J. Math.*, 16, 1964) est tel que $r_\Gamma(1) = 0$. On a alors :

$$c_\Gamma = -\frac{65520}{691} = -2^4 3^2 5.7.13/691.$$

b) Pour $\Gamma = \Gamma_8 \oplus \Gamma_8 \oplus \Gamma_8$, on a $r_\Gamma(1) = 3.240$, d'où :

$$c_\Gamma = \frac{432000}{691} = 2^7 3^3 5^3/691.$$

c) Pour $\Gamma = \Gamma_{24}$, on a $r_\Gamma(1) = 2.24.23$, d'où :

$$c_\Gamma = \frac{697344}{691} = 2^{10} 3.227/691.$$

6.7. *Compléments.*

Le fait que nous n'ayons traité que le groupe modulaire $G = \mathbf{PSL}_2(\mathbf{Z})$ lui-même nous a obligé à nous limiter aux réseaux vérifiant les conditions très restrictives du n° 6.4. En particulier, nous n'avons pas pu traiter le cas le plus naturel, celui des formes quadratiques

$$X_1^2 + \ldots + X_n^2$$

qui vérifient i) mais pas ii). Les fonctions thêta correspondantes sont des « formes modulaires de poids $n/2$ » (noter que $n/2$ n'est pas nécessairement pair, ni même entier) par rapport au sous-groupe de G engendré par S et T^2. Ce groupe est d'indice 3 dans G; son domaine fondamental a deux « pointes » auxquelles correspondent deux types de « séries d'Eisenstein »; on obtient par ce moyen des formules donnant le nombre de représentations d'un entier en somme de n carrés; pour plus de détails, voir les ouvrages cités dans la bibliographie ci-après.

Bibliographie

Quelques classiques

C. F. GAUSS, *Disquisitiones arithmeticae*, 1801, Werke, Bd. I (traduction française : Blanchard ; traduction anglaise : Yale Univ. Press).

C. JACOBI, Fundamenta nova theoriae functionum ellipticarum, 1829, *Gesammelte Werke*, Bd. I., p. 49-239.

G. LEJEUNE-DIRICHLET, Démonstration d'un théorème sur la progression arithmétique, 1834, *Werke*, Bd. I, p. 307.

G. EISENSTEIN, *Mathematische Abhandlungen*, Berlin, 1847 (réimprimé en 1967, Hildesheim, Georg Olms Verlag).

B. RIEMANN, *Gesammelte mathematische Werke*, Teubner, 1892 (traduction française partielle : Gauthier-Villars, 1898).

D. HILBERT, Die Theorie der algebraischer Zahlkörper, *Gesam. Abh.*, Bd. I, p. 63-363 (traduction française : Ann. Fac. Sci. Toulouse, 1909 et 1910).

H. MINKOWSKI, *Gesammelte Abhandlungen*, Teubner, 1911.

E. HECKE, *Mathematische Werke*, Göttingen, 1959.

C. L. SIEGEL, *Gesammelte Abhandlungen*, Springer-Verlag, 1966.

Corps de nombres et corps locaux

E. HECKE, *Algebraische Zahlen*, Leipzig, 1923.

Z. BOREVIČ et I. ŠAFAREVIČ, *Théorie des nombres* (traduit du russe), Gauthier-Villars, 1967 (il en existe aussi des traductions en anglais et en allemand).

M. EICHLER, *Einführung in die Theorie der algebraischen Zahlen und Funktionen*, Birkhäuser Verlag, 1963 (traduction anglaise : Academic Press, 1966).

J.-P. SERRE, *Corps locaux*, Hermann, 1962.

P. SAMUEL, *Théorie algébrique des nombres*, Hermann, 1967.

E. ARTIN and J. TATE, *Class Field Theory*, Benjamin, 1968.

J. CASSELS and A. FRÖHLICH, *Algebraic Number Theory*, Acad. Press, 1967.

A. WEIL, *Basic Number Theory*, Springer-Verlag, 1967.

(Les trois derniers ouvrages contiennent un exposé de la théorie dite « du corps de classes ».)

Formes quadratiques

a) *Généralités, théorème de Witt*

E. WITT, Theorie der quadratischen Formen in beliebigen Körpern, *J. Crelle*, 176, 1937, p. 31-44.
N. BOURBAKI, *Algèbre*, chap. IX, Hermann, 1959.
E. ARTIN, *Geometric Algebra*, Interscience Publ., 1957 (traduction française : Gauthier-Villars, 1962).

b) *Propriétés arithmétiques*

B. JONES, *The arithmetic theory of quadratic forms*, Carus Mon., n° 10, John Wiley and Sons, 1950.
M. EICHLER, *Quadratische Formen und orthogonale Gruppen*, Springer-Verlag, 1952.
G. L. WATSON, *Integral quadratic forms*, Cambridge Tracts, n° 51, Cambridge, 1960.
O. T. O'MEARA, *Introduction to quadratic forms*, Springer-Verlag, 1963.

c) *Formes quadratiques entières à discriminant* ± 1

E. WITT, Eine Identität zwischen Modulformen zweiten Grades, *Abh. math. Sem. Univ. Hamburg*, 14, 1941, p. 323-337.
M. KNESER, Klassenzahlen definiter quadratischer Formen, *Arch. der Math.*, 8, 1957, p. 241-250.
J. MILNOR, On simply connected manifolds, *Symp. Mexico*, 1958, p. 122-128.
J. MILNOR, A procedure for killing homotopy groups of differentiable manifolds, *Symp. Amer. Math. Soc.*, n° 3, 1961, p. 39-55.

Théorème de Dirichlet, fonction zêta et fonctions L

J. HADAMARD, Sur la distribution des zéros de la fonction $\zeta(s)$ et ses conséquences arithmétiques, 1896, *Œuvres*, C.N.R.S., t. I, p. 189-210.
E. LANDAU, *Handbuch der Lehre von der Verteilung der Primzahlen*, Teubner, 1909.
A. SELBERG, An elementary proof of the prime number theorem for arithmetic progressions, *Canad. J. Math.*, 2, 1950, p. 66-78.
K. PRACHAR, *Primzahlverteilung*, Springer-Verlag, 1957.
H. DAVENPORT, *Multiplicative number theory*, Chicago, Markham, 1968.
K. CHANDRASEKHARAN, *Introduction to analytic number theory*, Springer-Verlag, 1968.
A. BLANCHARD, *Initiation à la théorie analytique des nombres premiers*, Dunod, 1969.

Fonctions modulaires

F. KLEIN, *Vorlesungen über die Theorie der elliptischen Modulfunktionen*, Leipzig, 1890.

S. RAMANUJAN, On certain arithmetical functions, *Trans. Cambridge phil. Soc.*, 22, 1916, p. 159-184.

G. HARDY, *Ramanujan*, Cambridge Univ. Press, 1940.

R. GODEMENT, Travaux de Hecke, *Sém. Bourbaki*, 1952-53, exposés 74-80.

R. C. GUNNING, *Lectures on modular forms* (notes by A. BRUMER), Ann. of Math. Studies, Princeton, 1962.

A. BOREL *et al.*, *Seminar on complex multiplication*, Lecture Notes in Math., n° 21, Springer-Verlag, 1966.

A. WEIL, Sur la formule de Siegel dans la théorie des groupes classiques, *Acta Math.*, 113, 1965, p. 1-87.

A. OGG, *Modular forms and Dirichlet series*, Benjamin, 1969.

(Voir aussi les *Œuvres* de HECKE et SIEGEL citées plus haut.)

Index des Notations

$L(s, \chi)$: fonction L relative à χ, VI.3.3.
$G = \mathbf{SL}_2(\mathbf{Z})/\{\pm 1\}$: groupe modulaire, VII.1.1.
H : demi-plan supérieur, VII.1.1.
D : domaine fondamental du groupe modulaire, VII.1.2.
$\rho = e^{2\pi i/3}$: VII.1.2.
$q = e^{2\pi iz}$: VII.2.1.
$\mathscr{R}$: ensemble des réseaux de **C**, VII.2.2.
G_k $(k \geqslant 2)$, g_2, g_3, $\Delta = g_2^3 - 27g_3^2$: VII.2.3.
B_k : nombres de Bernoulli, VII.4.1.
E_k : VII.4.2.
$\sigma_k(n)$: somme des puissances k-ièmes des diviseurs de n, VII.4.2.
τ : fonction de Ramanujan, VII.4.5.
$T(n)$: opérateurs de Hecke, VII.5.1, VII.5.2.
$r_\Gamma(m)$: nombre de représentations de m par Γ, VII.6.5.
θ_Γ : fonction thêta du réseau Γ, VII.6.5.

Index Terminologique

Table des Matières

DEUXIÈME PARTIE

MÉTHODES ANALYTIQUES

SUP

SECTION « LE MATHÉMATICIEN »

JEAN-LOUIS KRIVINE
1 **THÉORIE AXIOMATIQUE DES ENSEMBLES**

JEAN-PIERRE SERRE
2 **COURS D'ARITHMÉTIQUE**

VOLUMES EN PRÉPARATION :

LOUIS COMTET
ANALYSE COMBINATOIRE — I et II

GÉRARD LETAC
PROBLÈMES DE PROBABILITÉ

BERNARD MALGRANGE
LES ÉQUATIONS AUX DÉRIVÉES PARTIELLES

ROGER TEMAM
ANALYSE NUMÉRIQUE

1970. — Imprimerie des Presses Universitaires de France. — Vendôme (France)
ÉDIT. N° 30 790 IMPRIMÉ EN FRANCE IMP. N° 21 644